基于消费者心理与行为的市场营销研究

金升辉 董 熙 朱 佳◎著

线装书局

图书在版编目（CIP）数据

基于消费者心理与行为的市场营销研究/金升辉,董熙,朱佳著.--北京:线装书局,2023.1
ISBN 978-7-5120-5344-1

Ⅰ.①基… Ⅱ.①金… ②董… ③朱… Ⅲ.①消费心理学—应用—市场营销—研究②消费者行为论—应用—市场营销—研究 Ⅳ.①F713.3

中国国家版本馆 CIP 数据核字（2023）第 015554 号

基于消费者心理与行为的市场营销研究
JIYU XIAOFEIZHE XINLI YU XINGWEI DE SHICHANG YINGXIAO YANJIU

作　者：	金升辉　董　熙　朱　佳
责任编辑：	林　菲
出版发行：	线裝書局
地　址：	北京市丰台区方庄日月天地大厦B座17层（100078）
电　话：	010-58077126（发行部）010-58076938（总编室）
网　址：	www.zgxzsj.com
经　销：	新华书店
印　制：	北京四海锦诚印刷技术有限公司
开　本：	787mm×1092mm　1/16
印　张：	12
字　数：	229千字
版　次：	2023年1月第1版第1次印刷
定　价：	52.00元

线装书局官方微信

前　言

任何消费者的购买行为，都是在一定的消费心理驱动下产生的，消费的产生都是为了满足心理和生理方面的需求。随着消费者心理的不断变化，相应地，基于消费者心理与行为的营销策略也在进一步的探索和更新中。充分地研究消费者的心理需求与行为，是现代营销不可或缺的一个步骤，只有了解了消费者主要的购买意图，才能取得好的效果。

基于此，笔者撰写《基于消费者心理与行为的市场营销研究》一书。本书注重理论与实践相结合，撰写内容在基本理论的基础上，以中国消费者为研究基点，强调消费者心理与行为理论在营销中的应用。全书在内容安排上共设置七章：第一章是绪论，内容包括消费者心理与行为概述、消费者心理与行为分析的方法、影响消费者行为的因素体系；第二章基于消费者的感觉与知觉、注意与记忆、情绪与情感、思维与联想不同方面分析消费者的一般心理活动；第三、第四章研究个体消费者和群体消费者的消费心理与行为；第五章是基于消费者心理与行为的市场机会选择；第六章剖析基于消费者心理与行为的营销组合策略，内容包括价格的心理机制及有效策略、营业环境与消费者心理判断、广告的心理功能与诱导策略、新产品开发与推广的心理策略；第七章探索基于消费者心理与行为的营销创新，内容囊括绿色营销、网络营销、团购以及在线虚拟社区营销。

全书内容全面广泛，不仅向读者系统阐述了消费者心理与行为学中的基础概念，而且介绍了消费者心理与行为研究领域中的最新发现，通过研究消费者心理、分析消费者行为，找出消费共性，为企业营销人员提供有效的营销依据。

笔者在撰写本书的过程中，得到了许多专家、学者的帮助和指导，在此表示诚挚的谢意。由于笔者水平有限，加之时间仓促，书中所涉及的内容难免有疏漏之处，希望各位读者多提宝贵的意见，以便笔者进一步修改，使之更加完善。

目　录

第一章　绪论 …………………………………………………………………… 1

第一节　消费者心理与行为概述 ……………………………………………… 1
第二节　消费者心理与行为分析的方法 ……………………………………… 8
第三节　影响消费者行为的因素体系 ………………………………………… 15

第二章　消费者的一般心理活动 …………………………………………… 27

第一节　消费者的感觉与知觉 ………………………………………………… 27
第二节　消费者的注意与记忆 ………………………………………………… 32
第三节　消费者的情绪与情感 ………………………………………………… 39
第四节　消费者的思维与联想 ………………………………………………… 43

第三章　个体消费者的心理与购买行为 …………………………………… 48

第一节　消费者个性心理与行为 ……………………………………………… 48
第二节　消费者需要与购买动机 ……………………………………………… 63
第三节　消费者购买决策与购买行为 ………………………………………… 80

第四章　群体消费者的消费心理与行为 …………………………………… 91

第一节　消费者群体的形成及类型 …………………………………………… 91
第二节　消费者群体对个人消费心理与行为的影响 ………………………… 94
第三节　主要消费者群体的心理与行为特点 ………………………………… 96
第四节　家庭对消费者心理与行为的影响 …………………………………… 106

第五节 消费流行对消费者心理与行为的影响 …………………… 110

第五章 基于消费者心理与行为的市场机会选择 ………………… 115

第一节 市场细分及其心理因素 …………………………………… 115
第二节 市场定位与消费者心理分析 ……………………………… 117

第六章 基于消费者心理与行为的营销组合策略 ………………… 122

第一节 价格的心理机制及有效策略 ……………………………… 122
第二节 营业环境与消费者心理判断 ……………………………… 130
第三节 广告的心理功能与诱导策略 ……………………………… 144
第四节 新产品开发与推广的心理策略 …………………………… 150

第七章 基于消费者心理与行为的营销创新探索 ………………… 156

第一节 绿色营销的消费者心理与行为 …………………………… 156
第二节 网络营销的消费者心理与行为 …………………………… 165
第三节 团购的消费者心理与行为 ………………………………… 174
第四节 在线虚拟社区营销的消费者心理与行为 ………………… 176

参考文献 …………………………………………………………………… 182

第一章 绪 论

第一节 消费者心理与行为概述

消费者心理与行为是客观存在的社会现象,是商品经济条件下影响市场运行的基本因素。现阶段,加强消费者心理与行为研究对于我国发展社会主义市场经济和企业开展营销活动具有极为重要的理论与现实意义。

一、消费的相关概念界定

(一) 消费

消费是指人类通过消费品来满足自身欲望的一种经济行为。具体来说,消费包括消费者的消费需求产生的原因、消费者满足自身消费需求的方式、影响消费者选择的有关因素等。基于生理需要的消费是一种本能性消费,它是人类全部消费活动的基础;基于享受、发展需要的消费,则是一种社会性消费,它源于但又高于本能性消费。广义上的消费包括生产性消费和生活性消费,而狭义上的消费仅指生活性消费。生产性消费是指在物资资料的生产过程中,各种工具、设备、原材料等生产资料以及劳动力的使用和耗费;生活性消费是指人们为了满足自身需要而消耗的各种物质产品、精神产品和劳动服务的行为和过程。

(二) 消费品

消费品是指用来满足人们物质和文化生活需要的那部分社会产品。消费品按照不同的标准进行分类,可以分为不同的类型。

1. 按消费者的购买习惯不同划分

按消费者的购买习惯不同,消费品一般可分为便利品、选购品、特殊品和非寻求品。

便利品又称日用品,是指消费者日常生活所需、须重复购买的商品,诸如大米、饮料、香皂、签字笔等。消费者在购买这类商品时,一般不愿花很多的时间来比较商品价格和质量,愿意接受其他任何代用品。

选购品是指价格比便利品要贵,消费者购买时愿意花较多时间且对多家商品进行比较之后才决定购买的商品,如服装、家电等。消费者在购买前,对这类商品了解不多,因而在决定购买前总是要对同一类型的产品从价格、款式、质量等方面进行比较。

特殊品是指消费者对其有特殊偏好并愿意花较多时间去购买的商品,如高级轿车、化妆品等。消费者在购买前对这些商品有了一定的认识,偏爱特定的品牌和生产厂家,不愿接受代用品。

非寻求品一般是指不为其潜在的消费者所了解或者虽了解也并不积极问津的产品。消费者大多不会主动地去寻找这类产品,特别是人们不愿意想起或不喜欢为它们花钱的产品,如丧葬用品等。

2. 按商品的耐用程度和使用频率不同划分

按商品的耐用程度和使用频率不同,消费品一般可分为耐用品和非耐用品。

耐用品是指能多次使用、寿命较长的商品,如电视机、电冰箱、音响、计算机等。消费者购买这类商品时,决策较为慎重。

非耐用品是指使用次数较少、消费者须经常购买的商品,如食品、文具等。

(三) 消费者

消费者与消费是既紧密联系又相互区别的两个概念。消费是人们消耗生活资料和精神产品的行为活动,而消费者则是指从事消费行为活动的主体。

消费者是指在不同时间和空间范围内参与消费活动的个人或集团,泛指现实生活中的人。

对于消费者这一概念可以从以下几个方面来进一步加深理解。

1. 从消费过程理解消费者

一般而言,消费者是指购买与使用各种消费品的人。具体地说,消费者即是各种消费品的需求者、购买者和使用者。在动态的消费过程中,购买者不一定是需求者或使用者,如购买礼品赠予他人;使用者也不一定是购买者,如卧床不起的病人使用亲人为其买来的商品;当然,需求者也不一定必须亲自去购买,可请他人代为购买。若将消费过程视为需求、购买、使用三个过程的统一体,则处于这三个过程中的某一过程或全过程的人均可称为消费者。换言之，消费者指实际参与消费活动的某一过程或全过程的人。

2. 从消费品的角度理解消费者

在同一时空范围内，消费者可以对某一消费品做出不同的反应，根据不同的反应可以对消费者进行分类。

（1）现实消费者。现实消费者指对某种消费品或服务有现实需要，并通过现实的市场交换行为，获得某种消费品并从中受益的人。

（2）潜在消费者。潜在消费者指在目前对某种消费品尚无需要或购买动机，但在未来某时刻有可能转变为现实消费者的人。由于缺乏某种必备的消费条件，诸如需求意识不明确、需求程度不强烈、购买能力不足、缺乏有关商品信息等。潜在消费者通常处于潜在消费状态。当所需要的各种条件均具备时，潜在消费者便随时可以转化为现实消费者。

（3）永不消费者。永不消费者指当时或未来都不会对某种消费品产生消费需要和购买愿望的人。在某一时间，某一位消费者面对不同的消费品时，可以同时表现为不同的身份，如某一消费者面对甲消费品时表现为现实消费者，面对乙消费品时表现为潜在消费者，面对丙消费品时表现为永不消费者。因此，我们可以说消费者是一个动态消费行为的执行者。

3. 从消费单位的角度考察消费者

从消费单位的角度可以把消费者划分为个体消费者、家庭消费者和集团消费者。

个体或家庭消费者是指为满足个体或家庭对某种消费品的需求量而进行购买或使用的人。这与消费者个人的需求、愿望和货币支付能力密切相关。

集团消费者是指为满足社会团体对某种消费品的需要而进行购买或使用的人或团体。作为团体行为，不一定反映消费者个人（团体某成员）的愿望或需要，也与个人货币支付能力没有直接关系。

作为消费者个人，可以同时成为家庭消费者或集团消费者中的一员。因此，从消费单位的角度考察消费者，可以说消费者是一个广义的参与消费活动的个人或团体。

（四）消费者市场

市场有狭义和广义之分。狭义的市场是指买卖双方进行商品交换的场所。广义的市场是指为了买卖某些商品而与其他企业和个人相联系的企业和个人。一般来说，市场可分为消费者市场和产业市场。其中，消费者市场是指个人或家庭为了满足生活需求而购买或租用商品的市场，是产业市场乃至整个经济活动为之服务的最终市场。与产业市场相比，消费者市场的需求差异大，供求矛盾频繁，商品的价格需求弹性较大，商品范围广，产品生命周期短，有较强的替代性，受消费者个人人为因素诸如文化修养、欣赏习惯、收入水平等方面的影响较多。此外，消费者市场的购买者往往是非专业性购买，受商家广告宣传、促销方式、商品包装和服务态度的影响也较多。可以说，消费者市场是市场体系的基础，也是起决定作用的市场。

二、消费者心理学的相关概念

（一）心理

心理是人脑的机能，是人脑对客观物质世界的主观反映，即所有心理活动都是人脑的高级机能的表现；所有心理活动的内容都来源于外界，是客观事物在人脑中的主观反映。心理受客观世界的制约，又对客观世界起着反作用。人的心理具有主观能动性，不仅在人的社会生活实践中，而且在辩证唯物主义和历史唯物主义指导下的心理科学研究和应用中也证明了人的心理不仅能够认识客观世界、认识自己，而且能够改造客观世界、改造自己，使事物朝着理想的方向发展。例如，当商场里的某一种食品半价销售时，A会认为这种商品要过期了而不予考虑，这种心理活动是源于A以前对于食品半价销售的某种认识；但当B看到食品半价销售时，会认为是自己走运遇到了商家的促销活动，马上便会上前一看究竟。那是因为食品半价销售这个客观存在的事情，让每个人对它的主观反映不同。当A偶然发现某种半价销售的食品是刚刚生产的合格产品后可能会改变认识，再看到食品半价销售时会先看清楚生产日期再决定是否购买。

人的心理过程按其性质不同可分为三个方面，即认识过程、情感过程和意志过程。认识过程是指人们对外界事物的认识要通过感觉、知觉、记忆、联想和思维等心理过程来完成；情感过程是指人们在认识客观事物的过程中表现出一定的态度和主观体验，如愉快、满意、厌恶、不满意等情绪；意志过程是指人们确定目的，支配和调节自己的活动，以达到预期目的的心理活动。

（二）心理学

心理学是研究心理现象发生、发展和活动规律的一门科学。科学的心理学不仅对心理现象进行描述，更重要的是对心理现象进行说明，以揭示其发生发展的规律。"心理学"一词来源于希腊文，意思是关于灵魂的科学。人类对自身心理现象的探究，从有人类文明史以来就开始了。两千多年前，我国思想家孔子、孟子的著作中，已蕴含着丰富的心理思想；古希腊学者亚里士多德①的《灵魂论》一书，是人类文明史上有关心理现象研究的专著。从亚里士多德起，心理现象大多是由哲学家作为哲学问题加以研究。直到1825年，德国哲学家、教育学家赫尔巴特②才在《作为科学的心理学》一书中首次提出了心理学是一门科学的观点。由于心理学是从哲学中分离出来的一门独立的科学，心理学的许多重大问题都受哲学思想的影响。

（三）消费者心理与消费者心理学

1. 消费者心理

消费者心理是指消费者在寻找、选择、购买、使用、评估和处置与自身相关的产品和服务时所产生的心理活动，是消费者进行消费活动时所表现出来的心理特征与心理活动的过程。

2. 消费者心理学

消费者心理学是一门新兴学科，它是研究消费者在消费活动中，特别是在日常购买、使用商品和劳务行为中的心理活动现象及其规律的一门科学。消费者心理学属于心理学的一个重要分支，是一门涉及多门学科的边缘科学，其横跨于自然科学和社会科学之间，是心理学一般原则在消费领域的运用和具体化的科学。可以说，消费者心理学既是一门理论科学，也是一门应用科学。消费者心理学的理论除来源于普通心理学之外，还来源于哲学、经济学、社会学、广告学、商品学和营销学等学科。随着市场的演变和发展，消费观念和经营观念发生了重大转变，消费者心理学的研究范围不断扩大，科学依据日益充足，学科体系日臻完善。

3. 消费者心理学与心理学的关系辨析

消费者心理学与心理学的关系是个性与共性、特殊与一般的关系，两者既有联系又有

---

① 亚里士多德（公元前384—前322），古代先哲，古希腊人，世界古代史上伟大的哲学家、科学家和教育家之一，堪称希腊哲学的集大成者。他是柏拉图的学生，亚历山大的老师。

② 约翰·弗里德里希·赫尔巴特（1776年5月4日—1841年8月14日）是19世纪德国哲学家、心理学家，科学教育学的奠基人。在近代教育史上，没有任何一位教育家可与之比肩，他的教育思想对当时乃至之后百年来的学校教育实践和教育理论的发展产生了非常巨大、广泛而又深远的影响。在西方教育史上，他被誉为"科学教育学的奠基人"，在世界教育史上被称为"教育科学之父""现代教育学之父"，而反映其教育思想的代表作《普通教育学》则被公认为是第一部具有科学体系的教育学著作。

区别。虽然消费者心理学与心理学都是研究心理现象及其规律的科学，但是心理学是研究所有人的共同心理现象及规律的系统科学；而消费者心理学则是以消费者为对象，研究消费者的心理现象及其规律的分支学科，是把心理学的相关研究成果和有关原理及研究方法运用于分析、了解消费者及其消费活动现象而产生的一门新兴应用学科。

三、消费者心理与行为及研究对象

（一）消费者心理与行为的界定

作为人群中的个体分子，消费者具有人类的普遍特性，均具有一定的思想、感情、欲望及喜怒哀乐，均具有不同的价值观念、思维方式、性格气质、兴趣爱好等。这些特征构成了人的普遍心理，也称之为心理活动或心理现象。心理活动可以支配人们的行为，决定人们做什么、不做什么、怎么做。人们形形色色、千变万化的行为，均受其心理的支配。观察一个人的行为表现，即可间接地了解其心理活动状态。

同理，消费者在消费活动中的各种行为也无一不受到心理活动的支配。例如，是否购买某种商品，购买何种品牌、款式，何时、何地购买，采取何种购买方式，以及怎样使用等，每一个环节和步骤均需要消费者做出相应的心理反应，从而进行分析、比较、选择、判断。因此，消费者的消费行为都是在一定心理活动支配下进行的。

消费者心理即消费者根据自身的需要与偏好，选择和评价消费对象的心理活动，又称之为消费心理。

消费行为则是消费者在一系列心理活动的支配下，为实现预定的消费目标而做出的各种反应、动作、活动和行动，亦称之为消费者行为。消费者心理支配着消费者的消费行为，消费行为反映消费者心理。

消费者心理与行为是上述两方面内容的总括与综合。它既包含消费者根据自身需要与偏好，选择和评价消费对象的心理活动，还包括在该心理活动支配下，为实现预定消费目标而做出的各种反应、动作、活动和行动。

（二）消费者心理与行为的研究对象及内容

消费者行为作为一种客观存在的社会经济现象，同其他经济现象一样，有其特有的活动方式和内在运行规律。对这一现象进行专门研究，目的在于发现和掌握消费者在消费活动中的心理与行为特点及其规律，以便适应、引导、改善和优化其消费行为。

消费者行为以消费者在消费活动中的心理和行为现象作为分析对象。这些心理和行为现象表现形式多样，涉及消费者个人心理特性、行为方式、群体心理与行为、企业市场营销、社会文化环境等诸多方面和领域。为此，关于消费者行为的研究对象在具体内容上又可分为以下几个方面。

1. 研究消费者心理与行为概述

包括若干基本概念，如消费与消费者、消费者心理与行为，还包括消费者行为学产生和发展过程，研究消费者行为学的意义，消费者心理与行为的研究对象、学科特点以及研究方法。

2. 研究消费者的心理活动基础

心理活动基础是指消费者赖以从事消费活动的基本心理要素及其作用方式，包括感知、记忆和学习、个性心理、态度的形成与改变、消费需要和动机、消费者满意与忠诚等。通过对消费者心理活动过程中各种心理要素的分析，把握其心理活动的一般规律，进而揭示消费者行为表现及其差异的原因，为购买行为的研究奠定基础。

3. 研究消费者的购买决策与行为

购买行为是消费者心理活动的集中外现，是消费活动中最有意义的部分。在消费者行为的研究中，将影响消费者的心理因素与其行为表现紧密联系起来，深入探讨消费者的购买行为过程，购买决策的制定，以及态度、偏好、逆反、预期等特定心理活动对购买决策与行为的影响。通过对购买过程中产生消费需求、驱动购买动机、收集商品信息、进行比较选择、制定购买决策、实际从事购买、评价所购商品等若干阶段及其相互联系的逐一考察，抽象出消费者购买行为的基本模式。

4. 研究消费者群体心理与行为

消费在直接形态上表现为消费者个人的行为活动，但从社会总体角度看，消费者行为又带有明显的群体性。在现实生活中，某些消费者由于年龄、性别、职业、收入水平、社会地位、宗教信仰等相同或接近，而在消费需求、消费观念、消费习惯以及消费能力等方面表现出很大的相似性或一致性，由此构成一定的消费者群体。消费者群体是社会消费活动的客观存在。研究不同消费者群体在消费心理和消费行为方式上的特点与差异，有助于从宏观角度把握社会总体消费的运动规律，同时对商品生产者和经营者准确地细分消费者市场、制定最佳营销策略具有重要的指导意义。

5. 研究消费者心理与社会环境

在现实中，消费者及其所从事的消费活动都是置于一定的社会环境之中，是在某些特定的环境条件下进行的。一方面，无论个人还是群体消费者，其心理活动及其行为反应在很大程度上受到社会环境因素的影响和制约；另一方面，消费者在适应环境的同时，也会以不同方式影响和反作用于环境。因此，切不可忽视环境与消费者的关系研究。具体分析各种社会环境因素诸如社会文化及亚文化、参照群体、社会阶层、家庭、舆论导向等对消费者心理及行为的影响和作用方式，有助于了解消费者心理与行为活动的成因，掌握其运动规律。

6. 研究消费者行为与市场营销

在现代市场经济条件下，消费者大量接触、受其影响最为深刻和直接的环境就是企业的市场营销活动。市场营销是商品生产者和经营者围绕市场销售所从事的产品设计、包装、命名、定价、广告宣传、分销、促销、销售服务等一系列活动，其目的在于通过满足消费者的需要，激发其购买欲望，促成购买行为，实现商品的最终销售。因此，市场营销的一切活动都是围绕消费者进行的，对消费者心理及购买行为具有直接影响。同时，企业所采取的全部营销策略、手段又必须以消费者的心理与行为为基础，最大限度地迎合消费者的需求、欲望、消费习惯、购买能力等。换而言之，市场营销活动的效果大小、成功与否，主要取决于其对消费者心理及行为的适应程度。由此可见，消费者心理和行为与市场营销之间有着极为密切的内在联系，二者相互影响、相互作用。市场营销既是适应消费者心理的过程，又是对消费者心理加以诱导、促成消费行为实现的过程。探讨在这一过程中消费者对各种营销活动做出何种反应，以及怎样针对消费者的心理特点改进营销方式，提高营销效率，是消费者心理与行为的主要研究对象和内容之一，也是其研究目的和任务。

第二节　消费者心理与行为分析的方法

消费心理与行为分析有两种基本方法：一种是通过市场调研，另一种是通过大数据分析。

一、市场调研方法

消费心理与行为分析方法中用到的市场调研[①]方法，除了从各类文献资料、网站收集

---

① 市场调研是一种把消费者及公共部门和市场联系起来的特定活动——这些信息用以识别和界定市场营销机会和问题，产生、改进和评价营销活动，监控营销绩效，增进对营销过程的理解。

分析第二手资料等文案调研方法以外，还可以采用获得第一手资料的调研分析方法，分为观察法、实验法和询问法三种。

（一）观察法

观察法是消费心理与行为分析的一种最基本的研究方法。在市场营销活动中，观察者依靠自己的视听器官，通过消费者的外部表现（动作、行为、谈话），有目的、有计划地观察了解消费者的言语、行动和表情等，把观察结果按时间顺序系统地记录下来并分析原因，用以研究消费者心理活动的规律。

观察法的具体形式有以下几种：

1. 直接观察法

直接观察法是指调研人员到现场观察发生的情形，以收集信息的方法，这是一种最方便的方法。例如，在进行商店调查时，调研人员并不访问任何人，只是观察基本情况，然后记录备案。

一般而言，调研的内容包括某段时间的客流量、顾客在各柜台的停留时间、各组的销售状况、顾客的基本特征、售货员的服务态度等。

2. 仪器观察法

在科学技术高度发达的今天，许多电子仪器和机械设备成了对消费者进行心理调研的工具。例如，征得被调查者的同意后，可以在家用电视上安装一个监视装置，记录下这台电视机的开关机时间、收看了哪些频道、收看时间如何等。再如，在测定广告效果时，可借助照相机，照下人们的眼部活动，观察瞳孔的变化，分析广告设计对人们注意力的影响。

3. 实际痕迹测量法

实际痕迹测量法是指调研人员不是直接观察消费者的行为，而是通过一定的途径来了解他们的痕迹和行为的方法。例如，某公司为了评价各种广告媒介的效果，在广告中附有回条，顾客凭回条可到公司购买折扣商品。根据回条的统计结果，公司就可以找出最佳的广告媒介。再如，某商店为了调查顾客购买电器后的反应，到各维修点调查哪些产品维修次数最多、哪些部件更换最快、消费者的评价等。

这种方法的优点是比较直观，观察所得到的数据一般也比较真实。这是因为消费者是在没有被施加任何影响、没有干扰的情况下被观察的，是真实想法的自然流露。其不足之处在于具有一定的被动性、片面性和局限性，观察所得到的数据本身不能区分哪些是偶然现象，哪些是规律性的反映。

（二）实验法

实验法是一种在严格控制的条件下，有目的地给予应试者一定的刺激，从而引发应试者的某种反应，进而加以研究，找出有关心理活动规律的调查方法。

实验法又可分为室内实验法和自然实验法两种。

1. 室内实验法

室内实验法是指在实验室里借助各种仪器进行研究的方法。此外，也可以在实验室里模拟自然环境条件或工作条件进行研究。应用这种方法研究的结果一般比较准确。例如，消费者对产品广告理解与否、记忆率高低等，就可以在实验室里运用音像、图片、文字等广告媒体来测定。

2. 自然实验法

自然实验法是指企业有目的地创造某些条件或变更某些条件，给消费者的心理活动施加一定的刺激或诱导，从中了解消费者心理活动的方法。自然实验法的应用范围很广。例如，某种食品在改变品质、包装、设计、价格、广告、陈列方法等因素时，可应用自然实验法先进行小规模的实验性改变，以调查消费者的反应。由于这种方法是人们有目的地创造或变更某些条件，因而具有主动性。这种方法的特点是实验研究者不介入消费对象的自然活动，了解、收集的信息真实可靠，能够反映消费活动的实际情况，减少人为因素，具有较高的可信度。

（三）询问法

询问法是指企业采取各种手段获取有关材料，间接地了解消费者心理活动的方法。调查的方式分为面谈调查、电话调查、邮送调查以及问卷调查四种，可以根据调查目的灵活选择。例如，若想了解消费者的消费需要和购买动机，可以召开消费者代表座谈会，也可以采用发放调查问卷、设置意见箱等形式。

在消费心理与行为分析中，被广泛采用的询问法是问卷法。问卷法又分为口头问卷法和书面问卷法两种。这两种形式都要求调研者必须事先充分考虑到收集信息的内容，设计好调查表，并依据考察对象的不同特征和个性特点，突出调查表设计的合理性，强调所收集信息的可靠性。

1. 口头问卷法

口头问卷法也称访谈法，即由企业派出调研者，采用交谈、询问或访问的方法，了解事先设计好的需要收集的消费信息的内容,并通过对这些信息资料的分析研究,对消费者的心理与行为表现做出科学的推论和解释。采用这种方法的一个最重要的影响因素就是调研者与被调查者之间实际存在着相互作用,而这种相互作用本身就是一种非常重要的心理现象。但这种作用又必然会影响到信息资料的质量,使信息本身或多或少地夹杂某种"主观性",从而给分析研究带来困难。这就要求调研者应尽可能减少这种相互作用的负面效应,使调查对象能够比较客观地反映其实际情况和心理活动状态。

2. 书面问卷法

书面问卷法是指由企业向消费者发放问卷调查表,由被调查者答卷,回收后进行统计、汇总、分析的方法。与口头问卷法相比,书面问卷法更准确具体,系统性更强。书面问卷法也是消费心理与行为分析中最常用的方法之一。

书面问卷法的关键是问卷的设计。一份好的问卷设计应按步骤回答以下问题:

(1) 基本决定:

需要收集哪些信息?

向哪些人收集信息?

(2) 确定所问的问题与内容:

这一问题确实需要吗?

被调查者能正确回答这一问题吗?

是否存在外部事件使得被调查者的回答具有倾向性?

(3) 决定应答方式或形式:

这个问题是以自由回答式、多重选择式,还是以两分式的形式提出来?

(4) 决定提问的措辞:

所用的词语是否对所有被调查者都只有一种含义?

问题是否包含全部备选答案?

被调查者能从研究者所期待的参照角度回答这一问题吗?

(5) 决定问题的排列顺序:

所有问题都是以一种合乎逻辑且避免产生偏差的方式排列吗?

(6) 预试与修正:

最终问卷的确定是否取决于运用少量样本的预试?

预试中的应答者是否与最终要调查的被调查者类似?

例如,某超级市场想要了解自己的公众形象,决定采用问卷调查。

首先，设计问卷的指导语，交代本次调查的目的，并对被调查者表示感谢。

其次，问卷题目应该主要包括商品因素、价格因素、柜台摆放因素、品种丰富情况、营业员的服务态度、商场的卫生状况、超市的知名度和美誉度等。例如，你听说过××超市吗？你认为××超市怎么样？

最后，询问被调查者的年龄、性别、文化程度、职业等方面的信息，要保证问卷的匿名性。

3. 投射法

投射法也称投射测试，在心理学上的解释是：个人把自己的思想、态度、愿望、情绪或特征等，不自觉地反映于外界事物或他人身上的一种心理作用。投射法主要用于测量消费者在一般情况下不愿或不能披露的情感、动机或态度。

投射法的具体方式是，提供被试者一种无限制的、模糊的情景，要求其做出反应，让被试者将其真正情感、态度投射到"无规定的刺激"上，绕过其心底的心理防御机制，透露其内在情感。常用的投射法包括词语联想法、句子和故事完整测试法、漫画测试法、照片归类法、绘图法等，见表1-1。

表1-1 常用的投射法

投射法	描述	典型应用
词语联想法	提供一个词，要求迅速（3秒）说出脑海中出现的一串词语	考察消费者对某一产品的印象、品牌意象
句子和故事完整测试法	提供一个不完整的句子或故事，要求将其补充完整	购买××款式手机的人是……
漫画测试法	提供漫画或其他图像，要求补充画面说明或人物对话等	测试对两种设计的不同态度
照片归类法	出示一组与测试目的相关的照片，让被试者进行归类	将××产品的照片与可能使用该类产品的用户对应起来
绘图法	要求被试者画出自己的感受或者对事物的认知	请画出您使用该产品的场景

投射法的最大优点在于主试者的意图藏而不露，这样就创造了一个比较客观的外界条件。采用投射法可以测试出被试者真实的一面，使得测试结果比较真实。此外，投射法的真实性强，比较客观，对被试者心理活动的了解比较深入，有利于提高调查的科学性。其缺点是分析比较困难，需要有经过专门培训的主试者。

二、大数据分析方法

市场调研由于调研方法的问题，调查结果的代表性、准确性以及研究的效率等面临不同程度的挑战。随着大数据的发展，大数据分析在消费心理与行为分析中得到了广泛的运用。大数据分析应用于市场和用户研究仍处于探索阶段，面临着诸多的挑战，如数据采集不全面、数据质量低以及数据处理和分析技术有待加强等。

大数据分析是指对规模巨大的数据进行分析。大数据分析可以分为大数据和分析两个方面。如今"大数据"一词经常出现在报纸新闻当中，但大数据与大数据分析并不是同一概念。假如没有数据分析，再多的数据都只能是一堆储存维护成本高且毫无用处的 IT 库存。大数据分析更注重分析，从分析出发去找数据，然后再有效利用从数据中得到的信息。

（一）大数据及其特征

大数据是一种规模大到在获取、存储、管理、分析等方面大大超出传统数据库软件工具能力范围的数据集合。它不仅包括数字，还包括图片、文本、视频、交互记录等。它的最小单位是 bit，按顺序给出所有单位：bit、Byte、KB、MB、GB、TB、PB、EB、ZB、YB、BB、NB、DB。

大数据具有海量的数据规模（Volume）、快速的数据流转速度（Velocity）、多样的数据类型（Variety）和价值密度低（Value）四大特征，一般称为4V。

第一，海量的数据规模。大数据的特征首先就体现为"大"。MP3 时代，一个小小的 MB 级别的 MP3 就可以满足很多人的需求，然而随着时间的推移，存储单位从过去的 GB 到 TB，乃至现在的 PB、EB。随着信息技术的高速发展，数据开始爆发性增长。社交网络、移动网络、各种智能工具、服务工具等，都成为数据的来源。

第二，快速的数据流转速度。大数据的产生主要通过互联网的传输。数据以秒为单位生成，每个人每天都在向大数据提供大量的资料。对于一个平台而言，也许保存的数据只有过去几天或者一个月之内产生的数据，再远的数据都要及时清理，不然代价太大。基于这种情况，大数据对处理速度有非常严格的要求，服务器中大量的资源都用于处理和计算数据，很多平台都需要做到实时分析。数据无时无刻不在产生，谁的速度更快，谁就有优势。

第三，多样的数据类型。广泛的数据来源，决定了大数据形式的多样性，如网络日志、视频、图片、地理位置信息等,手机、平板电脑、PC 以及遍布地球各个角落的各种传感器,无一不是数据来源。如淘宝、今日头条等都会通过对用户的网络日志数据进行分析,从而进一步推荐用户喜欢的东西。

第四,价值密度低。现实世界所产生的数据中,有价值的数据所占比例很小。以视频为例,连续不间断的监控中,可能有用的数据仅仅有一两秒。相比于传统的小数据,大数据最大的价值在于从大量不相关的各种类型的数据中,挖掘出对未来趋势与模式预测分析有价值的数据,并通过机器学习方法、人工智能方法或数据挖掘方法深度分析,发现有用信息。

(二) 大数据分析的内容

大数据分析,就是对大量数据进行推理并从中分析出有用的信息。大数据分析的六个基本方面如下:

一是可视化分析。不管是对于数据分析专家还是普通用户,数据可视化是对数据分析工具最基本的要求。可视化可以直观地展示数据,让数据自己说话,让用户看到结果。

二是数据挖掘算法。可视化是给人看的,数据挖掘就是给机器看的。集群、分割、孤立点分析以及其他的算法让我们深入数据内部,挖掘价值。

三是预测性分析能力。数据挖掘可以让分析人员更好地理解数据,而预测性分析可以让分析人员根据可视化分析和数据挖掘的结果做出一些带有预测性的判断。

四是语义引擎。语义引擎即对非结构化数据用一系列的工具去解析、提取、分析数据,使系统能够从"文档"中智能提取各类信息。

五是数据质量和数据管理。数据质量和数据管理即通过标准化的流程和工具对数据进行处理,以保证得出高质量的分析结果。

六是数据仓库。数据仓库是为了便于多维分析和多角度展示数据,按照特定模式进行存储所建立起来的关系型数据库。

(三) 消费者大数据的类型

从不同角度,消费者大数据分为以下几类。

1. 按照大数据的产权划分

按照大数据的产权,可以分为组织内大数据和组织外大数据;组织内大数据是消费者(用户)在接受企业的产品和服务中所产生的大数据,如网购平台、企业官网上留下的消费者数据为组织内大数据；组织外大数据即企业各种外部数据。

在大数据时代，应当把不同来源的数据整合在一起，包括企业内部和外部数据、线上行为痕迹与线下购买数据等。

2. 按照大数据的结构化程度划分

按照大数据的结构化程度，可以分为结构化数据、半结构化数据以及非结构化数据。

结构化数据即行数据，存储在数据库里，是可以用二维表结构来逻辑表达实现的数据，如数字、符号等；非结构化数据，包括所有格式的办公文档、文本、图片、XML、HTML、各类报表、图像、音频和视频信息等；半结构化数据，就是介于结构化数据（如关系型数据库、面向对象数据库中的数据）和非结构化数据（如声音、图像文件等）之间的数据，它是结构化的数据，但是结构变化很大，如存储的员工简历，有的员工的简历很简单，有的员工的简历却很复杂，还有可能有一些没有预料到的信息。

3. 按照大数据的客户行为性质划分

按照大数据的客户行为性质，可以分为交易行为类数据、个人偏好类数据、社交互动类数据和人口统计类数据。交易行为类数据包括交易时间、搜索、收藏、加购等数据；个人偏好类数据包括兴趣、需要、习惯、风险偏好、价格敏感度等数据；社交互动类数据包括社交网站的互动信息、评价与点评、活动参与信息、各种传感器及RFID信息等数据；人口统计类数据包括年龄、收入、家庭构成、职业、居住条件等数据。

大数据擅长的是理性分析，而人类的决策过程中往往掺杂着直觉与感性，所以当涉及用户深层的感知与动机时，大数据便显得有些捉襟见肘。目前，大数据的应对方法是通过贴标签将用户进行标示，但仅有行为标签还远远不够，如何提取出感性标签是一直困扰大数据的难题。而市场调研在用户深层特性和动机的研究上有着一定优势，因此，大数据分析与市场调研的"小数据"分析有机结合，将使消费心理与行为分析更加准确、细致、深入、有效。

第三节　影响消费者行为的因素体系

现代消费者无论在消费方式，还是消费内容、消费意识等方面都有了质的飞跃，其消费行为已经形成一个极其复杂多样、庞大纷繁的系列。透过形形色色的行为现象，我们会发现千差万别的消费者行为受到某些共同因素的影响。这些具体的因素是什么，它们又如何影响消费者的消费行为，正是本节所关心的内容和研究重点。

影响消费者行为的因素可以分为两大类，即个人内在因素和外部环境因素，其中又分别包含若干具体因素。这两大类因素相互联系、相互作用，共同构成影响消费者行为的因素体系。影响消费者行为的个人内在因素具体包括消费者的生理因素与心理因素，而外部环境因素又可进一步区分为自然环境因素和社会环境因素。总体来说，消费者行为是消费者个人与环境交互作用的结果，其行为方式、指向及强度，主要受消费者个人内在因素与外部环境因素的影响和制约。

一、个人内在因素

在现实生活中，消费者的行为表现千差万别，但究其本质，无不以某些共同的生理和心理活动为基础。消费者的生理和心理活动及特征是决定其行为的内在因素。探讨这一因素体系构成，可以揭示出消费者行为的共同生理与心理基础与特性。

（一）生理因素

生理因素是指消费者的生理需要、生理特征、身体健康状况以及生理机能的健全程度等。生理解剖学的研究表明，人类的生理构造与机能是行为产生的物质基础。任何行为活动都是以生理器官为载体，并且在一定的生理机能作用下形成的，消费行为亦是如此。因此，可以说消费者的每个行为都是以生理活动为基础，并且通过生理机能的整体协调运动来发生和完成的。

1. 生理需要

在影响消费者行为的各个生理因素变量中，生理需要是对消费者行为影响最为直接的变量。心理学意义上的"需要"，是指客观刺激物通过人体感官作用于大脑而引起的某种缺乏状态或未获满足的主观感受状况。这种主观感受状况会引起人的不适和紧张，并促使人们千方百计地去缓解或克服这种不适和紧张。例如，在炎热的夏季，当人们大汗淋漓、口渴难耐时，首先会想到通过喝水来解决这种不适的感觉。

人的需要是多方面、多层次的，而生理需要是其中最基本、最本质的需要。马斯洛在他的需要层次理论中将生理需要作为其他各种需要的基础。

生理需要是指人们在衣、食、住、行、休息、健康、性等方面的要求。生理需要是人类为维持自身生存和繁衍后代所必须满足的基本需要。可以说，满足自身生理需要，是人类一切行为活动的最初原动力，也是消费者行为的首要目标。在人们进行的形形色色的消费活动中,消费者只有首先进行对衣、食、住、行等基本生存资料的消费,使生理需要得到满足,然后才有可能进行旅游观光、娱乐休闲、文化教育、智力开发等享受和发展的消费。此外,人类的生理特点决定了生理需要本身具有延续性的特征,它是循环往复、重复发生的。因此,消费者为满足生理需要而进行的消费活动也是没有止境、永远不会终结的。从这个意义上来说,生理需要对消费者行为起着主要的支配作用,同时构成消费活动的基本内容。

生理需要的具体内容和形式并非一成不变。随着经济的发展和社会制度的变迁,它也会呈现出不同的特点。例如,同样是"民以食为天",原始人茹毛饮血,而现代人则要求食品营养健康。进入21世纪,消费者对饮食需要有了更高的要求,如食品应具有9F特征,即健康(fitness)、高纤维(fiber)、快速加工(fast)、新鲜(fresh)、功能分装(function)、趣味(fancy)、外国风味(foreign)、可玩的(fun)、著名商标(famous)。可见,同样是满足吃的需要,不同时代有很大差异。

2. 生理特征

生理特征具体包括人的身高、体形、相貌、年龄、性别等方面的外在特征,以及耐久力、爆发力、抵抗力、灵敏性、适应性等方面的内在特征。这些生理特征是先天遗传的,同时受到后天环境的影响。生理特征的差异可以引起不同的消费需求,会产生不同的消费者行为活动。需要指出的是,这些特征并非孤立地发生作用,而是经常以组合的方式对消费者行为产生影响。

(1) 外在特征

身高、体形:人的身高、体形等身材特点的差异对消费者的影响显而易见。以选购服装行为为例,有的人身材魁梧、体形肥胖,有的人身材矮小、体形瘦弱,他们的购买倾向就有很大差别。首先,在服装尺寸的选择上,毫无疑问,前一类人选择的服装尺寸较大,后一类人选择的服装尺寸相对较小;其次,在颜色的选择上,前者多会选择深色服装,如黑、蓝、绿、灰等冷色调,以使肥胖的体形显得瘦一些,而后者多会选择浅色或色彩强烈的服装,如白、淡黄、橙、红等暖色调,以显得体形高大强壮一些。另外,身材高大、体形肥胖的消费者对食物的摄入量和花费比身材矮小、体形瘦弱的消费者通常要大得多。

相貌:相貌包括五官、皮肤、毛发等要素。消费者受自身相貌特征的影响,往往会进行一些带有个性化倾向的消费活动。所谓"爱美之心,人皆有之",五官端正、躯体正常的消费者一般不会进行诸如矫形、整容、戴假发等特殊的消费活动,而相貌有缺陷的消费者则会主动搜寻有关信息,进行整容、增高等整形消费或者购买相关商品。五官的大小、位置高低的差异也会使消费者做出不同的商品选择。例如，西方人喜欢使用斜口瓷杯，这是由于西方人大多是高鼻梁，每当用平口瓷杯喝水时，杯子里的水还未喝完，鼻子就开始与杯口"碰架"，而斜口瓷杯则恰好能避免这一尴尬。

年龄：不同年龄的消费者因生理机能与社会经历的差异，具有不同的消费心理，并产生不同的消费行为。按照年龄大小，通常可以将消费者分为四个不同年龄阶段的消费群：少年儿童消费群，即14岁以下的消费者；青年消费群，即15~35岁的消费者；中年消费群，即35~60岁的消费者；老年消费群，即60岁以上的消费者。

年龄差异对消费者行为的影响体现在，各消费群之间在消费特点与消费内容上存在明显的不同。例如，少年儿童是儿童玩具、文具、书籍、乐器、运动器材、儿童食品、营养品、少儿服装等商品的主要消费者，他们的消费特点是具有好奇性及随意性；中青年人是手机、电脑和数码相机等数字化产品的主要消费者，他们喜欢时尚的商品，领导时代的消费潮流；老年人则是对保健食品、医疗、服务、娱乐等有特殊需求的消费者，他们大多消费谨慎，注重实效。年龄差异引发了不同的消费需求，因此，企业常常将年龄作为细分市场的主要依据，把市场划分为少儿市场、中青年市场及老年市场，并分别命名为"向阳市场""活力市场""银色市场"等。

性别：性别的差异对消费者行为的影响是与生俱来的，具有内在稳定性。由于遗传的原因，男性和女性呈现出不同的消费心理特征。心理学研究表明，男性与女性的消费行为差异主要体现在消费需求、购买动机、购买决策、购买过程、购买时机等方面。男性大多粗犷、豪爽，需求单一，对商品不太挑剔，购买商品较多地关注商品的功能与效用，购买决策自主，速度快，需要时才购买；女性则天生细腻、谨慎，需求多样，对商品的选择认真、挑剔，易受商品的外观以及自身主观情感的影响，购买决策被动，速度慢，时间长，经常即兴购买。

（2）内在特征

生理内在特征包括耐久力、爆发力、抵抗力、灵敏性、适应性等。耐久力是指人体持续进行一项活动所能承受的最长时间限度的能力；爆发力是指人体在最短时间内使器械（或人体本身）移动到尽量远的距离的能力；抵抗力是指人体能够抵御外界致病因素侵害的能力；灵敏性是指人体在外界条件突然改变下，能够迅速准确地协调和改变身体运动的能力；适应性是指人体在面对环境压力时，通过行为反应、生理反应和基因频率改变等方式应对压力，协调与外界环境的关系，继续生存的能力。消费者的这些内在特征受到其心血管系统、呼吸系统、神经系统发育程度的影响和制约。

3. 健康状况

健康状况表明消费者的身体素质水平，通常分为良好、一般、较差等几种情况。每个消费者都向往健康的生活，希望充分享受健康带来的幸福与快乐，健康消费已成为现代消费者新的消费选择，而健康消费的内容和方式直接取决于消费者的健康状况。体质衰弱或患有严重疾病的消费者，不仅消费内容有诸多限制，如糖尿病患者忌食高糖类的食品，晚期食管癌、胃癌患者几乎难以下咽任何食物，而且在购买活动范围和方式上也会受到各种阻碍，如健康状况极差、长期卧病在床的消费者难以进行旅游、健身等消费活动。

4. 生理机能的健全程度

消费者生理机能的健全程度会直接影响消费活动。生理性残疾的消费者，在购买对象的选择上，需要一些具有特殊辅助功能的商品来克服残疾带来的困难与不便。例如，腿部残疾的消费者需要轮椅、拐杖、假肢等帮助行走的工具；手部残疾的消费者需要可以方便穿戴的服装；眼睛残疾的消费者，需要弱视镜等可以增强视觉效果的商品；听力残疾的消费者需要助听器等辅助听力。另外，生理机能状态不稳定的消费者如精神病患者，其行为会受不同程度的限制，因此有时不能实现正常的购买与消费。

（二）心理因素

除生理因素外，消费者的行为还受到自身心理因素的影响。心理因素主要指消费者的心理活动。心理活动是人类特有的高级活动，也是世界上最精细、最复杂的活动之一，而消费者在消费过程中的心理活动，正是人类这一复杂精细活动的典型反映。由于心理活动是在生理演进基础上人脑所形成的特殊机能，因此，与生理因素相比，心理因素对消费者行为的影响更深刻、更复杂。

心理因素在影响消费者行为的诸因素中处于支配地位。在消费过程中，消费者首先受到某种信号的刺激，内心产生消费欲望与需求，需求达到一定强度后，会引发指向特定目标的购买动机，在动机的驱使下，消费者搜寻相关的商品信息，然后根据个人偏好，从商品质量、价格、品牌等方面对商品进行分析比较，最后做出购买决策，采取购买行动，购买后，消费者还要根据自己的感受进行评价，以形成购买经验。在上述过程中，需要、动机、偏好等心理因素支配着分析、选择、决策、购买、评价等一系列消费者行为。此外，消费者对某种商标、品牌喜爱或厌恶，对广告宣传拒绝或接受，消费态度是从众还是保持个性，购买动机是追求时尚还是注重传统等，无一不是心理因素的体现和作用结果。

影响消费者行为的心理因素主要包括心理过程和个性心理两个方面，每个方面又包含若干具体心理要素。

1. 心理过程

心理过程是指消费者心理活动的共性过程，包括认识、情感、意志三个相互联系的具体过程。认识过程是人脑对客观事物的属性及其规律的反映，具体表现为感觉、知觉、注意、记忆、想象、思维等多种心理现象。现实生活中，消费者的消费活动首先是从对商品或服务等消费对象的认识过程开始的。情感过程是指人在认识客观事物时所具有的情绪和情感体验。消费者在认识消费对象时并不是淡漠无情的，而是有着鲜明的感情色彩，如喜欢、欣赏、愉悦、厌恶、烦恼等，这些感情色彩体现着消费者的情绪或情感。意志过程是指人们自觉确立行为的动机与目的，努力克服困难以实现目标的心理过程。在消费行为中，意志过程表现为消费者根据对消费对象的认识，自觉确定购买目标，并据此调节行为，克服困难，努力实现目标的过程。

认识、情感、意志是统一心理过程的三个方面，它们之间相互联系、相互作用，共同支配着消费者的消费行为。人类的心理过程具有普遍性，是所有消费者在消费活动中必然经历的共同过程。

2. 个性心理

由于先天遗传因素及后天所处社会环境不同，人与人之间在心理活动过程的特点和风格上存在明显差异。每个人所独有的心理特点和风格，构成了他们的个性心理。对于消费者而言，他们的个性心理主要表现在个性倾向性与个性心理特征两个方面。个性倾向性包括兴趣、爱好、需要、动机、信念、价值观等；个性心理特征则是指人的能力、气质与性格等。正是由于个性心理千差万别，面对同一消费对象或环境刺激时，不同的消费者才会产生完全不同的心理反应，并有不同的行为表现。

二、外部环境因素

一般而言，心理活动通过个人来实现，并带有鲜明的个人特点，因此是一种主观性活动。心理活动的主观性并不是绝对的，即它所反映的对象是客观的事物，或者说，客观事物通过人脑反映构成心理活动的对象和内容。就这一意义而言，客观事物通过心理活动间接参与并影响人类的行为。因此，消费者行为除受自身生理与心理因素的支配外，还要受到客观事物或外部环境的影响和制约。

影响消费者行为的外部环境因素复杂多样，几乎涉及人类生活的各个层面和领域。按其性质划分，我们可以将诸多外部环境因素分为自然环境因素和社会环境因素两大类。

（一）自然环境因素

自然环境因素包括地理区域、气候条件、资源状况和理化环境等因素。自然环境直接构成了消费者的生存空间，在很大程度上促进或抑制某些消费活动的开展与进行，因此，对消费者的消费行为有着明显的影响。

1. 地理区域

受所处地域的地理经度、纬度以及地形、地貌的影响，南方与北方、城市与农村、内陆与沿海、高原山地与平原水乡的消费者，在消费需求和生活习惯上存在多种差异。例如，在饮食习惯方面，南方人偏爱甜味，北方人则偏爱咸味；在酒类偏好上，北方人喜欢辛辣的白酒，南方人则偏爱甜而醇厚的黄酒，以至于国内酒类市场一直保持"南黄北白"的消费格局。

居住于城市和农村的居民对商品需求的种类、数量和购买方式也有明显区别。以购买渠道为例，由于经济发达程度不同和地域差异等因素的影响，我国农村的网络普及率、大型专卖店和购物中心的数量远不及城市，因此在购买渠道方面相对比较单一。绝大多农村消费者仍从便利店、小超市购买商品。不仅如此，我国农村地域广阔，各地区经济发展水平差距较大，东部发达地区和中西部不发达地区（尤其是贫困地区）的农民在购买商品的种类和购买方式上也有着显著差异。

2. 气候条件

不论是地域性的气候条件，还是全球的气候环境，都在很大程度上制约着消费者行为。可以说，自古"天"与"人"休戚相关。从地域角度看，不同气候地区的消费者呈现出消费活动的诸多差异。例如，炎热多雨的热带地区与寒冷干燥的寒带地区相比，消费者在衣食方面的消费明显不同。同样是冬季，热带地区的消费者需要的是毛衣、夹克等轻微御寒的服装，而寒带地区的消费者则需要厚重保暖的大衣、皮衣、羽绒服等；热带地区的消费者喜欢清爽解热型饮料，寒带地区的消费者则偏爱酒精度高、能御寒的白酒。

从全球角度看，工业经济给人类社会带来了前所未有的繁荣与富足，同时也带来了令人担忧的日益严重的气候变暖问题。近年来人类赖以生存的家园——地球表面温度不断升高，以气候变暖为特征的"温室效应"正在成为21世纪人类面临的最大威胁之一。气候变暖不仅会导致冰川消融、海平面上升，还将给全球的湿地沼泽、沿海低地、珊瑚礁及温带寒带的大量物种造成毁灭性打击，引起飓风、洪水、干旱、暴雪、热浪、寒潮等极端气候现象频繁发生。显然，气候变暖对消费者的消费生活具有广泛而深刻的负面影响。

3. 资源状况

自然资源是人类社会赖以生存的物质基础，也是社会生产资料的主要来源。自然资源的开发、利用程度及储量与消费者的消费活动关系极为密切。例如，煤炭、石油、水电、太阳能、风能乃至核能的广泛应用，为消费者提供了众多的新型消费品，带来消费方式的变化和更新。自然资源的储量对消费者具有直接影响。一些重要的资源出现紧缺，将抑制消费者的某些需求，引发其他消费需求。例如，随着全球石油资源短缺的加剧，近年来国际市场原油价格一路飙升，由此催生了各种新能源的开发利用。汽车厂商纷纷研制和生产混合动力车、燃料电池车、生物燃料车等新能源汽车；消费者的汽车购买心理也由盲目追求豪华奢侈、大排量的高能耗车，转向理性选择环保、节能、经济的新能源汽车。又如，我国的水资源紧缺，由于工农业生产和城市生活污水处理率低，江河湖泊水质恶化的趋势尚未得到遏制。政府利用价格杠杆调节水市场需求，最直接的效应是使消费者懂得了"慎用水、节约水"，这样不仅可以提高广大居民的饮水质量，而且有利于水资源的合理配置。另外，随着水价上调，像节水器、节水马桶、节水洗衣机等节水产品也深受消费者欢迎。

4. 理化环境

理化环境主要是指由人为因素造成的消费者生存空间的优劣状况，如空气、水的洁净程度，噪声的强弱程度等。理化环境直接关系到消费者的身心健康，对消费者行为有着重要影响。例如，我国大城市由于人口急剧膨胀，导致严重缺水，市政依靠抽取地下水供市民饮用，但一般而言，地下水存在离子含量偏高、水质偏硬、细菌超标等问题，并受洪、枯季的影响，水质很不稳定，于是净水以及与净水有关的设备在大城市相当畅销，消费者大量购买桶装净水或瓶装净水。

（二）社会环境因素

与上述自然环境因素相比，社会环境因素对消费者的影响更为直接，内容也更加广泛，具体包括人口环境、社会群体环境、经济环境、政治法律环境、科技环境、文化环境等。

1. 人口环境

构成人口环境的因素有人口总数，人口密度及分布，人口的年龄、性别、职业与民族构成，等等。

（1）人口总数。一个国家的总人口数与该国人均国民收入水平密切相关，因此，对消费者的购买力水平、购买选择指向和消费方式有直接影响。

（2）人口密度及分布。人口密度与分布状况关系到消费者的消费活动空间是否适宜。一些大城市人口集中，密度过大，出现住房拥挤、交通拥挤、环境污染等一系列"大城市病"，严重影响了消费者的日常生活和消费活动。

（3）人口的年龄、性别、职业与民族构成。年龄、性别、职业与民族构成等人口统计变量直接影响消费者的需求结构和购买方式。随着经济的发展，我国人口结构逐渐老龄化。人口老龄化趋势的加快使得保健型消费品的购买量迅速上升，形成了独特的"银色市场"。

职业的差别使人们在衣、食、住、行等方面的消费有着显著不同。通常不同职业的消费者在衣着的款式、档次上会做出不同的选择，以符合自己的职业特点和社会身份。受教育程度是人口素质高低的重要标志。随着受教育水平的提高，消费者文明消费、自主消费的意识，以及筛选信息、选择决策等能力也必然相应增强。不同民族由于文化沿革、思维方式、生活习惯不同，在产品消费上也表现出很大的差异。

2. 社会群体环境

社会群体环境包括消费者所处的家庭、社会阶层、社会组织、参照群体等因素。

（1）家庭

家庭是与消费者关系最为密切的初级群体。家庭的规模、类型及所处生命周期不同，消费者的购买内容、购买意向也会有明显差异。在我国，家庭是消费的重要单位，家庭规模大小对消费内容和数量有着直接影响。如今，我国家庭规模在缩小，子女同父母分户独居现象迅速增加。家庭规模的缩小导致家庭数量增大，对住房和耐用消费品的需求也随之增加。

我国家庭消费方式正从封闭、半封闭方式转向开放、社会化方式，即将家庭的部分劳务改由社会专业服务部门来完成，以使家庭成员有充足的时间用于学习、娱乐和消遣。例如，在食品消费上，越来越多的家庭直接购买熟食、半成品或在外就餐；在衣着上，绝大多数家庭以购买成衣为主；在日常家务方面，请家庭服务员或社会服务机构代为处理家务劳动正在成为许多家庭的生活模式。此外，家庭形式的多元化使得消费者的消费行为也呈现出相应的多样性特点。

随着社会经济的迅速发展和收入水平的不断提高，我国居民家庭消费出现了新的热点，家电、旅游、住房、汽车、信息、教育、保险、医疗健康等消费已成为我国居民家庭当前和今后一段时期的重点消费指向。

(2) 社会阶层

社会阶层是由具有相同或类似社会地位的社会成员组成的相对恒定的群体。处于不同社会阶层的社会成员，由于其收入水平、受教育程度以及职业特点不同，在价值观、生活方式、审美标准以及社会活动方式等方面存在明显差异。

在社会生活中，每个消费者均处于一定的社会阶层。同一阶层的消费者在消费观念、消费态度和购买行为方式等方面具有同质性，不同阶层的消费者则在这些方面存在较大差别。因此，研究社会阶层对于深入了解消费者行为具有特别重要的意义，一方面，可以研究不同阶层的消费者在信息收集、品牌偏好和购买动机等方面具有哪些独特性；另一方面，有助于了解哪些消费行为被限定在某一特定阶层之内，哪些行为是各阶层消费者所共同具有的。例如，同样是买牛仔裤，下层社会的消费者可能看中的是其耐用性和经济性，而上层社会的消费者可能注重其人文性和自我表现力。又如，打高尔夫球被视为富人特有的休闲健身活动，而旅游则是带有全民性质的普遍性休闲娱乐活动。事实上，对于许多不同类型和档次的产品与品牌，消费者会自觉或不自觉地将其按社会阶层加以区分和选择。

(3) 社会组织

社会组织如机关、学校、军队、企业、医院、协会等，是消费者参与社会实践活动的主要场所，其工作性质、组织结构及活动内容同样会给人们的消费生活带来某些影响。近年来蓬勃发展的网络社区突破传统社会组织的边界，借助网络将具有共同兴趣爱好的网民组织起来，形成虚拟的社交群体或网络组织。其中某些基于消费活动的网络社区如车友会等，由于成员具有趋同的消费观念和消费偏好，加之成员之间的全方位互动和相互影响，使他们的消费行为更具商业价值。研究社会组织，特别是网络时代虚拟社区对消费者行为的影响，有助于企业锁定目标顾客，加强消费者沟通，实现精准营销。

(4) 参照群体

参照群体分为个人期望归属的向往群体和个人拒绝接受的疏远群体，消费者心理与行为研究关注的主要是向往群体。各种参照群体通常会对消费者产生示范或诱导作用，参照群体还会通过群体压力，使个人行为与群体趋向一致。消费者往往会有意识或不自觉地模仿、追随参照群体的消费方式，指导自己的购买选择。如有一段时期在国内韩剧、日剧风行，一些走在时尚前沿的少男少女努力使自己的穿着装扮与韩日歌星、影星一样，这使得各种韩式、日式服饰及发型十分流行。

3. 经济环境

经济环境包括宏观经济环境与微观经济环境。从国民经济发展水平、市场供求状况、政府经济政策、宏观调控等各种宏观经济因素，到企业的产品设计、广告宣传、销售服务以及商品质量、款式、价格、品牌、包装等微观经济因素，都会对消费者的心理与行为产生直接影响。这是由于一切经济活动归根结底都是围绕消费活动进行的，并通过消费者的商品购买及使用活动来体现其最终价值。

从宏观角度看，对消费者行为影响最直接的是国家的消费体制以及相关的消费政策。消费体制是整个经济体制的重要组成部分。计划经济体制下，我国实行的是低工资下的福利型消费体制，城镇居民的住房、医疗、教育、养老等都由政府补贴和直接分配，不进入个人消费，国家的消费政策也一直奉行"高积累、低消费"的方针。由于商品短缺型的卖方市场居于主导地位，消费者长期限于被动式、无选择的消费方式，消费观念一直停留在初级层次，如奉行个人消费靠国家、重实物消费、轻服务（精神）消费、把鼓励合理消费与勤俭节约对立起来等观念。

从微观角度看，消费者在消费活动中，之所以购买某种商品而不购买其他商品，选择A品牌而不选择B品牌，在这家商店购买而不在别家商店购买，很大程度上取决于商品的效用、质量、价格、款式、外观、广告宣传、商家信誉、售前售后服务等各种微观经济因素。这些由企业营销活动构成的微观环境状况，会直接影响消费者的消费选择。

4. 政治法律环境

政治法律环境涉及一个国家的政体、社会制度、政府更迭、社会稳定性以及相关法律法规的制定等因素，这些因素都直接或间接地影响消费者的消费心理，进而影响其消费行为。政治环境不稳定，如政党纷争剧烈、政策朝令夕改、社会动荡不安，消费者就会产生各种疑虑和不安全感，消费信心下降，未来预期悲观，进而谨慎消费，甚至抑制消费。

对消费者而言，法律是明文规定并由国家强力执行的行为规范，消费者只能在法律规定范围内行使消费权利，从事消费活动。所有国家的法律都明令限制或禁止某些特殊物品的买卖，如毒品、文物、野生或濒危动植物等，使某些消费者对此类产品的特殊需求受到限制。

5. 科技环境

科学技术的迅猛发展，对消费者的消费内容、消费数量及消费方式产生的影响不言而喻。一方面，科技发展使人们的消费方式日益多样化，人们的消费活动不再受时间和空间的限制。例如，消费者可以亲自到商场去购物，也可以通过邮寄购物、电视购物、网上购物等途径购买到商品。另一方面，科技发展使人们的消费内容极大丰富，任何一类需求都可找到不同档次、不同性能、不同价格、不同品牌的商品。

随着信息技术、生命科学、新材料、新工艺、新能源等当代最新科学技术的发展和应用，消费者迎来了新一轮的"消费革命"。然而，科学技术的飞速发展也为消费者的购买决策增加了难度。面对层出不穷的新产品，消费者会因知识滞后、能力不足而无所适从，难以选择，这也在一定程度上抑制了商品消费。

6. 文化环境

文化环境对消费者行为的影响是潜移默化且根深蒂固的。大量实践表明，不同国家、民族、地区的消费者，由于文化背景、道德观念、风俗习惯以及社会价值标准不同，在消费观念及消费行为方式上具有明显差异。例如，受东方传统文化影响，中国人历来视勤俭持家、精打细算、未雨绸缪、量入为出为美德，而把超过自身支付能力的消费视为奢侈浪费，借债消费更是为人所不齿的行为。体现在消费观念上，人们普遍崇尚勤俭节约、量入为出，因此注重储蓄，居民储蓄率居高不下。

正是由于文化对消费观念、态度及行为方式的深刻影响，文化环境与消费者心理与行为的关系研究已经越来越为人们所重视。然而，随着经济全球化的发展以及国家之间频繁的文化交流，全球消费文化渐渐成为消费领域的一个重要特点。例如，随着我国改革开放和对外交流的深入，很多跨国公司出现在中国市场上，它们在销售产品和服务的同时也带来了其消费文化，如各大奢侈品品牌文化中体现的个性和自我，软饮料品牌中的百事可乐在广告中体现的青春活力等。这些消费文化的流入都使得中国消费者，尤其是青少年的文化价值观和自我观念发生了变化。

第二章 消费者的一般心理活动

第一节 消费者的感觉与知觉

一、消费者的感觉

感觉是人脑对直接作用于感觉器官的客观事物个别属性的反映。人类通过对客观事物的各种感觉认识到事物的各种属性。人的感觉主要有五种类型，即视觉、听觉、嗅觉、味觉、皮肤觉，其中皮肤觉是一种综合性的感觉，细分为温觉、冷觉、触觉和痛觉。

（一）消费者感觉的基本特性

1. 感觉的敏感性

感觉的敏感性是指消费者在感觉上对于商品属性的辨别能力。心理学把极限水平的感觉辨别能力称为"阈值"，许多研究成果与人们的感觉敏感性有关，这些知识可以作为研究消费者心理的参考。如在商品重量方面的敏感性，是指消费者在不使用客观计量单位或仅仅是参考计量单位的条件下，对商品重量的辨别能力。辨别能力强，表示消费者对商品重量的敏感性强；辨别能力弱，表示消费者对商品重量的敏感性弱。例如，一些家庭主妇在买菜时对商品重量的敏感性很强，稍有变化便能感觉得到。

2. 感觉的适应性

感觉的适应性是指人们的感觉随着时间的延长，敏感性逐渐下降的现象，感觉的适应性与敏感性紧密联系在一起。比如，"入芝兰之室，久而不闻其香；入鲍鱼之肆，久而不闻其臭"，这是嗅觉的适应。消费者购买商品之前，一般会有较强烈的好奇心，这种好奇心会随着购买行为的完成而逐渐消失。使用商品期间，刚开始对商品属性的感觉要相对敏感一些，并且有很强的新鲜感。随着使用时间的延长，这种敏感性也会逐渐降低甚至消失。这种适应的心理现象可以维持消费者内心的平衡。消费适应现象可能会给消费者同时带来不满,随着好奇心的满足、新鲜感的降低、敏感性的消失等,人们可能会产生一定程度的失落感和空虚感,也可能会产生一定程度的枯燥和麻木,会对该商品产生一定的厌弃感。从产品生命周期角度来讲,如果大部分消费者出现消费适应现象,应该是商品从饱和期走向衰退期的转折点。进入衰退期之后,只有极少数的消费者因为习惯或收入水平等才维持对该商品的购买行为,而大部分消费者已经向新的商品转移。消费适应的结果是消费者产生新的消费需要的起点。人们对新商品的好奇心,以及满足新鲜感的动力会通过购买新商品来实现。所以消费适应现象是推动消费者进行下次消费行为的动力之一,是商品市场不断发展的一种推动力。

3. 感觉的对比性

感觉的对比性是指同一感觉器官在接受不同刺激时会产生感觉的对比现象。比如,白色对象在黑色背景中要比在白色背景中容易辨出,红色对象置于绿色背景中则显得更红。因此,在广告设计或商品陈列中,亮中取暗、淡中有浓、静中有动等手法有助于增强消费者的注意力。

4. 感觉的舒适性

感觉的舒适性是人们在一定范围内对感官刺激表现出积极、满意等高级的情绪性体验的现象。感觉的舒适性与消费态度、消费满意度等消费体验一样可以进行主观评价与统计测量,追求商品消费过程中的舒适,是消费者的原则。例如,在温度感觉方面,环境的温度对人们的舒适性影响最大,人的体温一般为37℃左右,皮肤的温度略为低一些,22℃~25℃是相对舒适的温度范围,这也是购物场所应保持的温度。当周围的温度超过40℃时,人们会感到非常热;当环境的温度低于12℃时,人们会感到非常冷。人的情绪情感对感觉的参与是产生舒适感的主要原因之一。如果消费者的心情不好,就容易产生不舒适的感觉,事事都觉得别扭。高级心理活动的参与,还包括人的兴趣、爱好、态度、消费观、个人修养等方面。

(二)消费者感觉在营销中的应用

消费者的感觉,包括对商品信息的感觉,对价格的感觉,对促销的感觉,进入营业环境后对购物场所的感觉,对其他商品信息的感觉,对服务人员、同事、朋友、行人的感觉等。因此,消费者的感觉对象是多方面的,有些感觉与商品消费有直接关系,有些感觉与商品消费有间接关系。

消费者对产品产生什么样的感觉在很大程度上源于对产品的第一印象。因此,企业在产品的设计、包装与品牌上应注入更多的"感觉"成分,以打动消费者,并使其对本产品保持长期的偏好感。例如,由于喝饮料的最主要群体是年轻人,将包装制成年轻人喜爱的欢快活泼型,加上爱情格言和情趣盎然的爱情小故事,使产品除了能解渴之外,还能满足年轻人对爱情的眷恋与渴望,就容易使消费者对产品产生一种特别的"感觉"。

企业在营销定价目标、定价方针和定价策略中,也需要把价格与感觉需要结合在一起,使价格带有"感觉"色彩。服务性企业推出的优惠卡、会员卡、贵宾卡等,看起来这只是简简单单的一张卡,其实是为了满足部分消费者追求价格从廉的感觉,通过这种善意的回报和感激之情,使消费者产生惠顾心理。企业在产品或服务的促销过程中,应设身处地地站在顾客的立场为顾客着想,从顾客的感觉出发进行促销,以求获得消费者的认可和亲近。

企业在经营过程中着意为消费者营造一种具有良好感觉的环境,从而激发顾客的消费欲望是必不可少的。

二、消费者的知觉

知觉是客观事物直接作用于人的感觉器官,人脑对客观事物整体的反映。它为我们对外界的感觉信息进行组织和解释。在认知科学中也可看作一组程序,包括获取感官信息、理解信息、筛选信息、组织信息。

知觉和感觉一样,都是当前的客观事物直接作用于我们的感觉器官,在头脑中形成的对客观事物的直观形象的反映。客观事物一旦离开我们感觉器官所及的范围,对这个客观事物的感觉和知觉也就停止了。但是,知觉又和感觉不同,感觉反映的是客观事物的个别属性,而知觉反映的是客观事物的整体。知觉以感觉为基础,但不是感觉的简单相加,而是对大量感觉信息进行综合加工后形成的有机整体。例如,有一个事物,我们通过视觉器官感觉到它具有圆圆的形状、红红的颜色,通过嗅觉器官感觉到它特有的芳香气味,通过手的触摸感觉到它硬中带软,通过口腔品尝到它的酸甜味道,于是,我们把这个事物反映成苹果。这就是知觉。

(一) 消费者知觉的基本特性

知觉有整体性、恒常性、理解性、选择性、封闭性等特性。

1. 知觉的整体性

知觉的整体性是指我们对物体整体的认识通常要快于对局部的认识。在我国传统的饮食文化中，食品消费讲究色、香、味、形四大特点；在高科技产品消费中，提倡最优的性能与价格比，对于节俭型消费者来说，购物讲究物美价廉等，这都是商品的整体印象在消费者头脑中的协调反映。消费者来到商店，不只是看到商店的商品布置，装潢装饰，营业员的举止、着装和各种服务等某个方面，还会在此基础上形成对商店的整体印象。

2. 知觉的恒常性

知觉的恒常性是指当距离、缩影比、照明改变的时候，知觉对象的大小、形状和颜色的相对固定性。知觉恒常性包括颜色恒常性、形状恒常性、大小恒常性和位置恒常性。知觉的恒常性是因为客观事物具有相对稳定的结构和特征，而我们对这些事物有比较丰富的经验，无数次的经验校正了来自每个感受器官的不完全的甚至歪曲的信息。如果我们知觉的是一个全新的对象，而且周围没有熟悉的事物可以做参照，那么我们绝不会有关于这个事物的知觉恒常性。一个圆盘，无论如何倾斜旋转，而事实上所看到的可能是椭圆甚至线段，我们都会当它是圆盘。比如，企业的商标会出现在商品的包装、电视广告、商场宣传品、展销会以及企业的运输工具上，即使该商标的形状、大小甚至颜色不同，人们仍然会把它们看成是同一企业的商标。知觉的恒常性为商业设计大大扩展了空间，产生了更丰富的设计形式。为了统一企业形象，我们提倡 CI 设计思想，即企业的商标与形象设计保持同一性。同时为了丰富 CI 设计的形象，每一种标志的形状或大小可以出现一定程度的变化，以避免商业设计中单调的重复与呆板。

3. 知觉的理解性

知觉的理解性是我们对事物的知觉通常是与我们赋予它的意义联系在一起的。知觉的理解性会受到经验、情绪、意向、价值观和定式等的影响。有经验的销售人员可以从消费者的眼神、动作、言语中知道他需要的是什么。在知觉信息不足或复杂的情况下，知觉的意义性需要语言的提示和思维的帮助。比如，人们一般习惯于把商品的包装好理解为商品的质量也好，把广告宣传频率高的企业理解成规模大、资金雄厚的企业等。知觉的理解性，可能符合本来的客观属性，也可能不符合客观属性，是片面的甚至是错误的。消费者的理解正确与否，取决于商品原来的形象、消费者的判断能力、消费者过去的消费经验等。买过包装好但质量差的商品，消费者对花哨的包装就有了戒备心。营销人员一定要正确引导消费者。

4. 知觉的选择性

知觉的选择性是指个体根据自己的需要与兴趣，有目的地把某些刺激信息或刺激的某些方面作为知觉对象而把其他事物作为背景进行组织加工的过程。客观事物是丰富多彩的，在每一时刻，作用于人的感觉器官的刺激也是非常多的，但人不可能对同时作用于他的刺激全都清楚地感知到，也不可能对所有的刺激都做出相应的反应。

在知觉过程中，强度大的、对比明显的刺激容易成为知觉的对象。在空间上接近、连续，形状上相似的刺激也容易成为知觉的对象。在相对静止的背景上，运动的物体容易成为知觉的对象。刺激的多维变化比单维变化更容易成为知觉的对象。此外，凡是与人的需要、愿望、任务及以往经验联系密切的刺激，都容易成为知觉的对象。在营销实践中，广告的设计者就应该仔细设计广告，以确保他们希望注意的刺激是作为对象而不是作为背景被人们看到。同样，背景音乐不应该喧宾夺主地引人注意，广告背景也不能够贬低产品的价值。

5. 知觉的封闭性

知觉的封闭性是指在知觉过程中，通过主观上的补充、简约、替代、改组等活动，把不完整的图形知觉为完整的图形的知觉组织过程。人倾向于在视野中，把在时间或空间上相邻或接近的刺激物更易知觉为整体，把大小、形状、颜色、亮度和形式等物理属性相同或相似的刺激物组合在一起形成一个整体，把具有彼此连续或运动方向相同的刺激物，或即使其间并无连续关系的刺激组合在一起形成一个整体，即使其间有断缺之处，也倾向于形成一个连续的完整形状。人倾向于将处于同一地带或同一区域的刺激物组合在一起形成一个完整形状。

（二）消费者知觉与营销策略

消费者的产品和品牌知觉是市场营销中知觉研究的重要内容。因为消费者对品牌的知觉质量越高，越会产生购买欲望，产品的市场占有率就会越高。因为消费者为自己找到了足够的理由。知觉质量高的商品可通过高价位策略提高销售利润，因为知觉质量高的品牌不仅受消费者的青睐，经销商也愿意经销这些商品，从而降低了营销成本，产生了更多的溢价。产品的实际质量虽是知觉质量的基础，但二者有时不尽一致，甚至可能相差甚远。这是因为消费者对质量的判断或要求，与品牌经营者的看法往往是有差距的。一个品牌越是能恰当地满足消费者对质量的要求，其知觉质量就越高。

因此，在品牌管理中，要想提高消费者的品牌知觉质量，关键是要找到消费者对品牌知觉质量的判断标准，或消费者对产品质量的要求，然后按消费者的判断标准进行改进，消费者使用品牌产品后就会感到满意。在此基础上，通过制定合适的产品价格、设计有效的销售渠道和建立真诚的服务承诺等营销手段，进一步建立高质量的品牌形象。研究认为，影响品质认知的主要因素是产品质量因素（包括性能、特色、可靠性、耐用性及适用性等）和服务质量因素（包括有形性、服务能力、响应速度和能否给顾客提供个性化服务等），这些都是企业提升品质认知度的重要内容。

第二节 消费者的注意与记忆

一、消费者的注意

在复杂的消费活动中，消费者经常需要把感知力、记忆力、思考力等集中在某个特定的消费对象上，这种把心理活动指向并集中于特定对象的现象就是注意。与认识过程的其他心理机能不同，注意不是一个独立的心理活动，而是各个心理机能活动的一种共有状态或特性。这一特性主要体现在指向性和集中性两个方面。注意的指向性表现为心理活动不是指向一切对象，而是有选择、有方向地指向特定的客体；集中性则指心理活动能在特定的选择和方向上保持并深入下去，同时对一切不相干因素予以排除。指向性和集中性相互联系、密不可分。正是在二者的共同作用下，人们才能在感觉、知觉、记忆、思维、情感、意志等活动中，有效地选择并集中于特定对象，对其做出深刻、清晰和完整的反应。

（一）注意的影响因素

注意由三个因素决定，即刺激物、个体及情境。

1. 刺激物因素

刺激物因素是指刺激物本身的物理特征。刺激物的特征包括广告大小、颜色等，是营销人员可以控制的，并且能不依赖于个体的特征独立地吸引消费者的注意。大的刺激物相对于小的刺激物更容易被注意，因此越多的货架空间会吸引越多的消费者注意，并带来更高的销售额。此外，刺激的强度也能增加注意，例如，广告的播放时间越长，越容易被注意和记忆。刺激因素引发的注意一般是自动的，因此，即使一个人对汽车毫无兴趣，也会不可避免地被一幅巨大华丽的汽车广告吸引。

2. 个体因素

个体因素是指个体区别于其他事物的各种特征。一般而言，动机和能力是影响消费者注意的重要的个体因素。动机是由兴趣和需要所产生的一种驱动状态。兴趣是目标（例如成为出色的演奏者）和需要（如饥饿）的结果，是对人们总体生活方式的反映。产品介入度反映了人们对某一特定产品种类的动机，一般介入程度越高，对某一产品的动机也越强。能力是指注意和处理信息的能力，与消费者的知识及其对产品、品牌、促销的熟悉度有关。因此，通常来说，专家要比一般人有能力更快、更有效地处理更多信息，而不被信息超载困扰。品牌的熟悉度是一种与注意相关的能力因素。对品牌高度熟悉的人，由于已有很丰富的相关知识，可能会较少注意广告信息；相反，当品牌熟悉度很低时，第一次看到品牌时点击率很低，到第五次时则显著提高。低品牌熟悉度的消费者需要多次广告展露才会形成足够的动机和信任，从而去主动获取更多的信息。

3. 情境因素

情境因素是指环境中除去主体刺激物（如广告和包装）以外的刺激，以及因环境导致的暂时性个人特征，如赶时间或处于一个拥挤的商店内等。混乱度和产品介入度是影响注意的两个主要情境因素。混乱度是指环境中刺激的密集程度。调查发现，环境中陈列品越多，消费者对一个特定陈列品的注意度会越低，因此，一些零售商会尽量减少在店内陈列商品的数目。对节目的介入度会影响消费者对广告的关注。广告往往出现在电视节目、杂志、报纸或网站等具体情境中，通常情况下，节目的性质或文章的内容会影响广告受关注的程度。

（二）注意的重要功能

注意在消费者认知商品的过程中具有以下重要功能：

1. 选择功能

选择功能，即选择有意义的、符合需要的消费对象加以注意，排除或避开无意义的、不符合需要的外部影响或刺激。面对浩如烟海的商品，消费者不可能同时对所有对象做出反应，只能把心理活动指向和集中于少数商品或信息，将它们置于注意的中心，而使其他商品或信息处于注意的边缘或注意的范围以外。这样，消费者才能清晰地感知商品，深刻地记忆有关信息，集中精力进行分析、思考和判断，在此基础上做出正确的购买决策。反之，没有注意，消费者的心理活动就会陷入茫然无绪的状态。

2. 维持功能

维持功能，即把对选择对象的心理反应保持在一定方向上，并维持到心理活动的终结。由于注意的作用，消费者在对消费对象做出选择后，能够把这种选择贯穿认知商品、制定决策乃至购买使用的全过程，而不致中途改换方向和目标，由此使消费者心理与行为的一致性与连贯性得到保证。

3. 加强功能

加强功能，即排除干扰，不断促进和提高消费者心理活动的强度与效率。在注意的情况下，消费者可以自动排除无关因素的干扰，克服心理倦怠，对错误和偏差及时进行调节和矫正，从而使心理活动更加准确和高效率地进行。例如，在注意感知时，消费者对商品的感受性会大大增强，产生错觉的可能性则有所降低。

（三）注意的主要形式

消费者在认知商品的过程中，往往表现出不同的注意倾向。有时漫无目的，有时目标专一；有时主动注意，有时被动注意。根据消费者有无目的以及是否需要意志努力，可以将注意分为无意注意、有意注意、有意后注意三种形式。

1. 无意注意

无意注意又称随意注意，是没有预定目的、不加任何意志努力而产生的注意。消费者在浏览、观光时，经常会无意之中不由自主地对某些消费刺激产生注意。刺激物的强度、对比度、活动性、新异性等是引起无意注意的主要原因。例如，包装色彩鲜艳的商品、散发诱人香味的食物、巨大的广告、与背景反差明显的商品陈列、旋转不停的电动器具、闪烁变换的霓虹灯、造型奇特或功能新异的新产品等，都会因其本身的独有特征而形成较强的刺激信号，引起消费者的无意注意。此外，消费者的潜在欲望、积极情绪等，也是形成无意注意的重要诱发条件。

2. 有意注意

有意注意又称不随意注意，是有预定目的、需要经过意志努力而产生的注意。在有意注意的情况下，消费者需要在意志的控制之下，主动将注意力集中起来，直接指向特定的消费对象，因此，有意注意通常发生在需求和欲望强烈、购买目标明确的场合。例如，亟须购买某品牌汽车的消费者会刻意寻找、收集有关信息，并在众多的同类商品中，把注意力直接集中于期望的品牌。这期间需要消费者付出意志努力，采取积极主动的态度，克服各种困难和障碍。与无意注意相比，有意注意是一种更高级的注意形态。通过有意注意，消费者可以迅速地感知所需商品，准确地做出分析判断，从而缩短对商品的认知过程，提高购买效率。

3. 有意后注意

有意后注意又称随意后注意，指有预定目的但未经意志努力就能维持的注意，它是在有意注意的基础上产生的。消费者对消费对象有意注意一段时间后，逐渐对该对象产生兴趣，即使不付出意志努力，仍能保持注意，此时便进入有意后注意状态。在观看趣味性、娱乐性广告或时装表演时，人们就经常会出现有意后注意现象。这种注意形式可使消费者不致因疲劳而发生注意力转移，并使注意保持相对稳定和持久，但通常只发生在消费者感兴趣的对象和活动上。

以上三种注意形式并存于消费者的心理活动中，它们之间既交替作用，又相互转化，如无意注意可以转化为有意注意，有意注意进一步发展便转化为有意后注意。在交替与转化中，三种注意形式共同促进消费者心理活动的有效进行。

（四）消费者注意营销的加强途径

注意在消费者的心理活动中具有重要作用，它可以维持和加强心理活动的强度，也可以降低或减弱心理活动的效率。为此，在商品设计、包装、广告宣传等营销活动中，应有针对性地采取多种促销手段，以引起和保持消费者的有效注意。

首先，可以通过增加消费刺激强度来引起消费者的无意注意。无意注意是有意注意的先导。许多消费者都是在无意注意的基础上对某种商品产生有意注意，进而引发购买行为。因此，通过增加消费刺激的强度，诸如商品的色泽明艳度、款式新奇度、广告的画面色彩强度或音频高度、构思巧妙程度等，来提高消费者视觉或听觉感受性，可以在更大范围内促进无意注意的产生。

其次，可以通过明确消费目标、培养间接兴趣来维持消费者的有意注意。有意注意是促进消费者购买的直接条件，是各种注意形态中最有意义的一类。有意注意的形成不完全取决于消费对象的刺激强度，而主要取决于预先拟定的消费目标。显然，预定目标越明确，有意注意的形成就越顺利。为此，广泛利用各种宣传媒体，帮助消费者在充分了解商品的基础上明确目标，不失为赢得消费者有意注意的有效途径。此外，无意注意以直接兴趣为基础，即消费对象具有趣味性，对消费者具有强烈的吸引力；而有意注意以间接兴趣为基础，即消费对象本身缺乏吸引力，消费者的主要兴趣在于消费活动的结果。由此，充分展示商品效能和使用效果，增强消费者的间接兴趣，也是维持有意注意的重要途径。

最后，消费者自觉排除外部干扰，加强意志努力，是从主观方面保持注意稳定和集中的重要条件。随着市场竞争的加剧，消费者在把注意指向某商品时，经常受到其他消费刺激的干扰，造成注意分散和非主动转移，这就需要消费者增强自我控制能力，通过意志努力使注意力保持在稳定状态。就经营者而言，应力求突出商品的独特性，采取多样化的促销手段，帮助消费者克服无关因素的干扰，尽快由有意注意转入无须意志努力即可保持相对稳定的有意后注意状态。

二、消费者的记忆

（一）记忆及其在消费活动中的作用

记忆是过去经验在人脑中的反映。具体地说，是人脑对感知过的事物、思考过的问题、练习过的动作、体验过的情感及采取过的行为等形成的映像。凡是人们感知过的事物、体验过的情感及练习过的动作，都可以以映像的形式保留在人的头脑中，在必要的时候又可把它们再现出来，这个过程就是记忆。

记忆既不同于感觉，又不同于知觉。感觉和知觉反映的是当前作用于感官的事物，离开当前的客观事物，感觉和知觉均不复存在。记忆总是指向过去，它出现在感觉和知觉之后，是人脑对经历过的事物的反映。也就是说，记忆中保留的映像是人的经验。

记忆是人脑的重要机能之一，也是消费者认识过程中极其重要的心理要素。在消费实践中，消费者感知过的广告、使用过的商品、光顾过的商店、体验过的情感及做过的动作等，在经过之后，并非消失得无影无踪，而是在大脑皮层留下兴奋过程的印迹。当引起兴奋的刺激物离开之后，在一定条件影响下，这些印迹仍然能够重新活跃起来，再现已经消失的消费对象的表象。

记忆在消费者的消费活动中起到重要作用。正因为有了记忆，消费者才能把过去的经验作为表象保存起来。经验的逐渐积累推动了消费者心理的发展和行为的复杂化。当消费者初步感知商品后，往往是运用记忆把过去曾使用过的商品、体验过的情感或动作回想起来，进一步加深对商品的认识。离开记忆则无法积累和形成经验，也不可能有消费者心理活动的高度发展，甚至连最简单的消费行为也难以实现。

（二）记忆过程的基本环节

记忆是一个复杂的心理过程，它包括识记、保持、回忆、再认等几个基本环节。

1. 识记

识记是一种有意识的反复感知，从而使客观事物的印迹在头脑中保留下来，成为映像的心理过程。整个记忆过程是从识记开始的，它是记忆的第一步。消费者对广告的记忆也是如此，通过视觉、听觉反复接触广告，在大脑皮层上建立起广告与商品的巩固联系，留下了对商品的印象，识记住了广告商品。

识记又分为以下两种类型。

（1）无意识记和有意识记

根据目的明确与否，识记可分为无意识记和有意识记。

无意识记是事先没有明确目的，也没有经过特殊的意志努力的识记。当消费者随意浏览商品，或阅读报纸、观看电视时，虽然没有明确的目的和任务，也没有付出特别的努力，但某些商品或广告的内容却有可能被自然而然地识记下来，这就是无意识记。无意识记具有很大的选择性，一般来说，那些在消费者的生活中具有重要意义，适合个人需要、兴趣、偏好，能激起情绪或情感反应的消费信息，给人的印象深刻，往往容易被无意识记。

有意识记是有预定目的并经过意志努力的识记。有意识记是一种复杂的智力活动和意志活动，要求有积极的思维参与和意志努力。消费者掌握系统的消费知识和经验主要依靠有意识记。例如，欲购买小汽车的消费者，对各种汽车的牌号、性能、质量、价格、外观等特性，均必须进行全面的了解和努力的识记。

（2）机械识记和意义识记

根据所识记的材料有无意义和识记者是否理解其意义，可以分为机械识记和意义识记。

机械识记是在对事物没有理解的情况下，依据事物的外部联系所进行的机械式的重复识记，例如没有意义的数字、生疏的专业术语等。机械识记是一种难度较大的识记，容易对消费者接收信息造成阻碍。因此，企业在宣传产品、设计商标或为产品及企业命名时，应当坚持便于消费者识记的原则。

意义识记：意义识记是在对事物理解的基础上，依据事物的内在联系所进行的识记。它是消费者通过积极的思维活动，揭露消费对象的本质特征，找到新的消费对象和已有知识的内在联系，并将其纳入已有知识系统来识记。运用这种识记，消费者对消费对象和内容形式容易记住，保持的时间较长，并且易于提取。

2. 保持

保持是过去经历过的事物映像在头脑中得到巩固的过程。但巩固的过程并不是对过去经验的机械重复，而是对识记的材料做进一步加工、储存的过程。即使储存起来的信息材料不是一成不变的，随着时间的推移和后来经验的影响，保持的识记在数量和质量上也会发生某些变化。一般来说，随着时间的推移，保持量会呈现减少的趋势。

3. 回忆

回忆又称重现或再现，是对不在眼前的、过去经历过的事物的表象在头脑中重新显现出来的过程。如消费者购买商品时，往往把商品的各种特点与其在其他商店见到的，或自己使用过的同类商品，在头脑中进行比较，以便做出选择，这就需要回想，这个回想就是回忆。

根据回忆是否有预定目的或任务，可以分为无意回忆和有意回忆。无意回忆是事先没有预定目的，也无须意志努力的回忆；有意回忆是有目的、需要意志努力的回忆。如消费者在做出购买决策时，为慎重起见，需要努力回忆以往见过的同类商品或了解其有关信息。

4. 再认

对过去经历过的事物重新出现时能够识别出来，就是再认，如消费者能够很快认出购买过的商品、光顾过的商店、观看过的广告等。一般来说，再认比重现简单、容易，能够重现的事物通常都能再认。

上述四个环节彼此联系、相互制约，共同构成消费者完整统一的记忆过程。没有识记就谈不上对消费对象内容的保持；没有识记和保持，就不可能对接触过的消费对象回忆或再认。因此，识记和保持是再认和回忆的前提，而回忆和再认则是识记与保持的结果及表现。同时，通过再认和回忆还能进一步加强对消费对象的识记和保持。消费者在进行商品选择和采取购买行动时，就是通过识记、保持、回忆和再认来反映过去的经历和经验。

（三）消费者记忆的不同类型

按照不同的标准，可以将消费者的记忆划分成不同的类型。

1. 依据记忆内容或映像的性质划分

（1）形象记忆。指以感知过的消费对象为内容的记忆，如对商品形状、大小、颜色的记忆。心理学研究表明，人脑对事物形象的记忆能力往往强于对事物内在逻辑联系的记忆，二者的比例约为1000：1。所以，形象记忆是消费者大量采用的一种主要记忆形式。其中，视觉形象记忆和听觉形象记忆起主导作用。

（2）逻辑记忆。指以概念、判断、推理等为内容的记忆，如关于商品质量、功能、质量标准、使用效果测定等的记忆。这种记忆是通过语言的作用和思维过程来实现的。它是人类所特有的、具有高度理解性、逻辑性的记忆，是记忆的较高级形式。但因对消费者的逻辑思维能力要求较高，在传递商品信息时要酌情慎用。

（3）情绪记忆。指以体验过的某种情绪为内容的记忆，如对过去某次购物活动的喜悦心情或欢乐情景的记忆。这种形式在消费者的记忆过程中经常使用,它可以激发消费者重新产生过去曾经体验过的情感,成为出现某种心境的原因。这种记忆的映像有时比其他记忆的映像更为持久,甚至可以终生难忘。因此,在商品宣传时,恰当调动消费者的情感体验,可以使之形成深刻的情绪记忆。

(4) 运动记忆。指以做过的运动或动作为内容的记忆,如消费者对在超市购物的过程,从进场挑选到行走线路直至成交结算的动作过程的记忆。运动记忆对于消费者形成各种熟练选择和购买技巧是非常重要的。

2. 依据记忆保持时间的长短或记忆阶段划分

(1) 瞬时记忆。指极为短暂的记忆。据研究,视觉的瞬时记忆在 1 秒以下,听觉的瞬时记忆在 4~5 秒以下。瞬时记忆的特点是,信息的保存是形象的;保存时间很短,且保存量大。消费者在商店等购物场所,同时接收大量的消费信息,但其中多数呈瞬时记忆状态。在瞬时记忆中呈现的信息如果没有受到注意,很快就会消失,如受到注意则会转为短时记忆。

(2) 短时记忆。短时记忆的信息在头脑中储存的时间略长一些,但一般不超过 1 分钟。如消费者对广告上出现的某生产厂家电话号码边看边记,依靠的就是短时记忆,如不重复,短时记忆的信息就会很快消失。此外,短时记忆的容量也不大,因此告知消费者数字、符号等机械性信息时不宜过长或过多。

(3) 长时记忆。指保持在 1 分钟以上,直到数日、周、年甚至保持终生的记忆。与短时记忆相比,长时记忆的容量是相当大的,并且是以有组织的状态储存信息。长时记忆对消费者知识和经验的积累具有重要作用,它会直接影响消费者的购买选择和决策。就企业而言,运用各种宣传促销手段的最佳效果,就是使消费者对商品品牌或企业形象形成长时记忆。

第三节 消费者的情绪与情感

一、消费者情绪与情感的界定

(一) 消费者情绪的界定

情绪是人的各种感觉、思想和行为的一种综合的心理和生理状态,是对外界刺激所产生的心理反应以及附带的生理反应，包括喜、怒、忧、思、悲、恐、惊七种。根据情绪的性质、强度、时间和复杂度，情绪可分为心境、激情、热情、应激和挫折。

心境是一种微弱而平静，持续时间有时长有时短的情绪。心境会影响人们对周围环境所做出的判断。消费者在商场中心境好，则对商品的感觉亦好，实现购买率会较高。

激情是一种迅速强烈地爆发，能把人控制住并逐渐增强的情绪。激情一般持续时间短暂。

热情是一种强有力的、稳定的、能把人完全控制住的情感。热情表现为主体被一种力量所征服，以坚定的努力去达到某个目的。消费者往往是在热情的推动下，才去购买某些商品。例如，集邮爱好者为了增加自己收藏的邮品，可以压缩他在别的方面的支出。

应激是出乎意料的紧张情况所引起的情绪状态。营业员有时会出现应激状态。当柜台前顾客拥挤混乱或与情绪不佳的顾客打交道时，营业员必须在这些困难条件下实现销售，因而处于应激的情绪之中。应激一般来说会因手忙脚乱而不利于工作，但有时正好相反，因工作节奏加快而提高效率。

挫折是指人在实现目的的过程中遇到障碍，但又无法去排除、克服的心理状态。其典型表现是懊丧、怨恨、消沉、无动于衷。挫折有时表现为对自己，有时表现为对别人，形成迁怒。有些消费者在商场里就表现出迁怒，在买不到紧俏的商品时，对营销人员发脾气、泄怨气；有时消费者在家里闹了别扭，到商场找碴儿发作。营销人员要明察这些现象的原因，文明经商。

（二）消费者情感的界定

情感是人对客观事物是否满足自己的需要而产生的态度体验。具体来说，情感是态度这一整体中的一部分，它与态度中的内向感受、意向具有协调一致性，是态度在生理上的一种较复杂而又稳定的生理评价和体验。

根据情感的社会内容的性质不同，情感可分为道德感、理智感和美感。道德感是人们根据一定的道德标准，评价自己和别人的言行、思想、意图时所产生的情感体验。理智感是由客观事物间的关系（包括由别人披露出或自己流露出的）是否符合自己所相信的客观规律所引起的情感体验。美感是对客观现实及其在艺术中的反映进行鉴赏或评价时所产生的情感体验。

（三）情情绪和情感的区别与联系

从严格意义上讲，情绪和情感是从不同角度来揭示人类心理体验的概念，两者既有联系，又有区别。者的区别与联系可从以下几个方面加以说明：

第一，引起情绪和情感的需要的性质不同。情绪一般指与机体的天然生理需要和较低级的心理过程相联系的内心体验。天然性需要得到满足就产生积极的、肯定的情绪；否则就产生消极的、否定的情绪。情感则与人在历史发展中所产生的社会需要相联系，其基础是与人和人之间的关系（社会关系）相联系的需要，如对社会的贡献、道德的需要、尊重的需要等。

第二，情绪和情感在稳定性上的差别。情绪带有很大的情境性、激动性和短暂性，它常常在活动中表现出来。一定的情境出现即引起一定的情绪，情境过去则情绪也随即消失。情感则是既具有情境性，又具有稳定性和长期性。人与人之间在活动中产生的友好情感，不会因为活动的结束而消失，而会长期存在并可能得到发展。所以情感是长期的、稳定的。

第三，情绪和情感是可以转化的。情绪长期积累就会转化为情感，而情感在一定条件下也会以鲜明的、爆发的形式表现出来，表现为一种情绪。

二、消费者情绪和情感的影响因素及营销应用

（一）消费者情绪和情感的影响因素

影响消费者情绪和情感的因素有许多，比较常见的有以下三种：

第一，消费者的需要是否得到满足会影响消费者的情绪情感。如果消费者能够获得满意的商品往往就会高兴，从而产生良好的情感；反之，消费者就会失望甚至生气，消费者的情感会随着失望次数的增多而被冲淡直至消失。

第二，营业环境的好坏会影响消费者的情绪情感。这里所指的营业环境既包括物理条件，也包括服务人员的态度，良好的营业环境自然会使消费者形成好的情绪情感。

第三，消费者自身的因素也会影响消费者的情绪情感，如消费者的身体状况、心境等。

（二）情绪情感对消费者心理与行为的影响

情绪情感对消费者心理与行为会有一定的影响。

第一，消费者的情绪情感可以影响消费者的认知能力，积极的情绪情感对认知能力有促进作用，消极的情绪情感对认知能力起阻碍作用。

第二，消费者的情绪情感可以影响消费者的记忆效果。一般来说，积极的情绪情感对消费者的记忆有显著的增力作用；消极的情绪情感对消费者的记忆则产生阻力作用。

第三，消费者的情绪情感可以影响消费者的选择。一般来说，积极的情绪情感有增加消费者做出选择决定的可能；消极的情绪情感则会削弱消费者做出选择决定的可能。不过，消费者的心理和行为不能一概而论，也有一些消费者会因为情绪不好而疯狂消费，以此来改变自己的情绪。

（三）消费者购买活动的情绪过程

消费者在购买活动中的情绪过程大体可分为悬念阶段、定向阶段、强化阶段。

悬念阶段：消费者产生了购买需求，但并未付诸购买行动。此时，消费者处于一种不安的情绪状态。如果需求非常强烈，不安的情绪会上升为一种急切感。

定向阶段：消费者面对所需要的商品，并形成初步印象。此时，情绪趋于定向，即趋向喜欢或不喜欢，趋向满意或不满意。

强化阶段：消费者对商品进行全面评价。由于多数商品很难同时满足消费者多方面的需求，因此，消费者往往要体验不同情绪之间的矛盾和冲突。如果积极的情绪占主导地位，就可以做出购买决定。

（四）消费者的情绪情感在营销中的应用

为了与消费者保持良好的关系，企业营销人员应该使消费者的每一次消费都有一个良好的印象，不仅在色彩、灯光、声音、物品摆放等方面使消费者拥有愉快的购物环境，而且以饱满的热情、微笑的表情和优质的服务接待每一位消费者，与其建立有效和谐的沟通，使其顺畅、高效地完成每一次消费。另外，企业营销人员应当尽量发挥积极、愉快的情绪策略来影响消费者，促使消费者对产品和品牌形成良好的记忆印象，这也有利于消费者的再次消费及产品和品牌的口碑传播。

消费者的心理过程是一个完整的过程，除认识过程外，还包括情绪过程和意志过程。情绪和意志是两种相对独立的心理要素，有着各自独特的作用机制和表现形式，并在消费者的心理与行为活动中发挥着特殊的影响和制约作用。

从前文对消费者认识过程的分析可以看出，消费者购买商品首先要通过感觉、知觉等对商品进行初步的感知；然后调动其记忆，并运用自己的知识经验，进一步深化对商品的认识；最后做出购买决策。从理论上讲，消费者的购买活动都应是高度理性的，是经过周密调查和科学分析后的行动，但在现实活动中并非完全如此。购买行为不仅受理智控制，而且还为情感所左右。消费者的心理活动过程，既是认识不断发展的过程，又是情感不断变化的过程。

第四节　消费者的思维与联想

一、消费者的思维

思维是在大量感知觉材料的基础上，对这些材料进行分析、综合、判断和推理，并借助语言，对客观事物的本质属性、内在联系和发展规律的认识。思维是以已有知识为中介的，是对客观现实的对象和现象的概括的、间接的反映，是人类具有的高级心理想象。它是在感知基础上实现的理性认识形式。

（一）消费者思维的特征

思维具有概括性和间接性两个基本特征。

1. 思维的概括性

客观现实中的事物形形色色，各不相同。世界上没有两片完全相同的树叶，可是在人思考的时候，却可以呈现出事实上并不存在的一般的树的表象。这一般表象中的树，包含着规定这一类事物为树的本质特征。可以设想，假如人不是用以词为标志的一般表象中的树进行思维，而是用千万种形状、大小、颜色各不相同的树进行思维，那么思维的开展就很困难了。

思维的概括性，就是思维通过抽取同一类事物的共同的本质特征和事物间的必然联系来反映事物。由于这一特性，人能通过事物的表面现象和外部特征来认识事物的本质和规律。

2. 思维的间接性

思维的间接性，就是思维能对感官所不能直接把握的或不在眼前的事物，借助某些媒介物与头脑加工来进行反映。

由于人类感觉器官结构和机能的限制，由于时间和空间的限制，由于事物本身带有蕴含或内隐的特点，人们对世界上的许许多多的事物，如果单凭感官或仅仅停留在感知觉上，是认识不到或无法认识的，那么就要借助某些媒介物与头脑加工来进行反映。例如，内科医生不能直接看到病人内脏的病变，却能以听诊、化验、切脉、试体温、量血压、B超、CT检验等手段为中介，经过思维加工间接判断出病人的病情；地震工作者可以根据动物的反常现象或其他仪表的数据来分析和预报震情。这些都是人们凭借已有的知识经验间接认识的结果。

思维的概括性和间接性是相互联系的。人之所以能够间接地反映事物，是因为人有概括性的知识经验，而人的知识经验越概括，就越能间接地反映客观事物。内科医生根据概括性的医学理论，以中介性的检查，经过思考而间接地判断出病人的病情；气象工作者也是根据概括性的气象规律，从大量天气资料中，经过思考对天气进行预测。正是因为思维具有概括性和间接性，所以通过思维人就可以认识那些没有或者不能直接作用于人的各种事物或事物的各种属性，也可以预见到事物的发展。所以它在人的生活实践中有着极为重要的意义。

（二）思维的基本过程

思维是一个复杂的心理过程，具体来讲就是当客观事物作用于人脑时，人脑对各种信息的分析、比较、抽象、综合、概括、系统化和具体化等过程。

1. 分析

分析就是把整体分为部分，把复杂的问题分解为简单要素，分别找出它们的本质属性和彼此之间的关系。

2. 比较

比较是指在人的头脑中把各种事物加以对比，来确定它们之间的区别与联系。它是在分析的基础上进行的。

3. 抽象

抽象是指在人脑中把各种对象和现象的共同属性、本质特征同其他属性、次要特征分离开来的过程。

4. 综合

综合就是在分析比较的基础上，把事物的各个部分与属性联合为一个整体。

5. 概括

概括就是将抽象出来的对象的本质特征及相互关系、规律性等加以概括，从而形成概念。

6. 系统化和具体化

系统化就是通过分析综合把整体的各个部分归入一定的类别系统中，也就是加以归类。具体化就是把经过概括得到的知识和原理，运用到具体的解决问题的过程中去。

（三）思维与消费者的购买决策

消费者的思维过程也就是其决策过程。由于消费者在思维方法和思维能力方面的差异性，消费者购买决策的方式与速度也就各不相同。思维能力强的消费者，其思维的独立性、灵活性、逻辑性，以及深度和广度都比较强，其决策往往果断、迅速；反之，则缓慢、反复不定，甚至中断。

二、消费者的联想

由一种事物想到另一种事物的心理活动过程即为联想。联想可以由当时的情境引起（如当时注意、感知到的事物），也可以由内心回忆等方式引起。联想在消费者心理中是比较重要的一种心理活动。消费者心理的研究主要着重于注意、感知等因素激发的联想，因为开展营销活动时，可以控制消费者所处的购物环境，使用各种方法来激发消费者形成有益于营销活动的联想。

（一）消费者联想的形式

联想是心理学家研究较早的一种心理现象，迄今为止，已经总结出来的一般性联想形式主要有接近联想、类似联想、对比联想、因果联想、特殊联想等。以下介绍这些联想形式在消费者心理中的表现。

1. 接近联想

由于两种事物在位置、空间距离或时间上比较接近，当人们认识了第一种事物时，很容易联想到另一种事物。例如，消费者在商店里受到服务人员的热情服务，以后只要遇到类似的服务，会联想到那位服务人员；消费者买了一种电子增高器的东西，原来想通过这种东西来刺激身高增长，没想到这个伪劣产品把自己的皮肤也给烧坏了！以后一见到这个广告就会联想到自己痛苦的经历。

2. 类似联想

两种事物在大小、形状、功能、地理背景、时间背景等方面有类似之处，使人们在认识一种事物的同时会联想到另一种事物。例如，我国著名水乡古镇周庄在进行国际旅游市场营销时，就曾利用类似联想推出"周庄——东方的威尼斯"的宣传口号，收到很好的效果。

3. 对比联想

两种事物在性质、大小、外观等方面存在相反的特点，使人们在认识到一种事物的同时会从反面联想到另一种事物。这种联想会为企业创造出许多新的机会，开发出满足消费者相互对立的需求的商品。例如，可以设计出大包装和小包装、成人用和儿童用、黑色和白色等配套商品。

4. 因果联想

两种事物之间存在一定的因果关系，容易使人由原因联想到其结果，或由结果联想到原因。例如，企业宣布其商品全线降价时，往往会引发消费者对降价原因的联想，是否由于商品供大于求，或质量下降，或原料价格降低，或竞争加剧等。消费者的这种因果联想经常影响企业营销策略的实施效果，因此要特别注意。

5. 特殊联想

两种事物之间不存在必然联系，而由于某些特殊事件导致其形成特殊关联，使消费者在见到一种事物时会自然地联想到另一种事物。例如，联想集团成为首家2008年北京奥运会赞助商并冠名奥运指定商品，消费者在参与奥运活动时会联想到联想集团及其IT产品。

（二）营销实践中联想的类型

在营销实践中，联想的两种常见类型是色彩联想和音乐联想。

1. 色彩联想

色彩联想在人们的日常消费行为中表现得十分普遍，尤其是在购买服装、化妆品、手工艺品，以及其他一些需要展现外观的商品时，人们必然要从商品的色彩上产生相应的联想。色彩联想是指由商品、广告、购物环境等条件给消费者提供的色彩感知，而联想到其他事物的心理活动过程。

色彩联想有多种形式，如从色彩联想到空间、从色彩联想到温度、从色彩联想到重量等。此外，人们在服饰方面的色彩还可以使人们联想到这个人的性格特点，如穿红色衣服的人给别人的联想是比较活泼、可爱、爱表现等，而经常穿白色或素色衣服的人，给人的印象是爱清洁，为人比较稳重，不大合群等。

2. 音乐联想

音乐联想也是营销者非常看重的联想类型。音乐的联想形式比较丰富，如音乐形式的联想、音乐题材和内容的联想、音乐的音量和音质的联想等。在购物环境中，轻柔、舒缓的音乐或强烈、快节奏的音乐会给消费者带来不同的感受，进而影响消费者的购物情绪和对商品的感知。

第三章　个体消费者的心理与购买行为

第一节　消费者个性心理与行为

一、消费者的个性概述

（一）个性的含义理解

"个性"一词来源于拉丁语 persona，原意是指人格面具，后引申为面具后的本人。个性①是指决定和反映个人如何适应环境的内在心理特征，包括使某一个体与其他个体相区别的具体特质、属性、特征、因素和态度等多个方面。

个性作为个体带有倾向性的、比较稳定的、本质的心理特征的总和，是个体独有的并与其他个体区别开来的整体特性。正如自然界没有两片完全相同的树叶，人类没有两张完全相同的面孔一样，世界上也没有两个人具有完全相同的个性。在消费实践中，正是个性的绝对差异性，决定了消费者心理特征和行为方式的千差万别，同时显示出每个消费者独有的个人风格和特点。例如，面对新的消费时尚，有的消费者追随潮流，从众趋同；有的则固守己见，不为潮流所动。选购商品时，有的消费者审慎思考，独立决策；有的则盲目冲动，缺乏主见。这些纷繁复杂、各个相异的行为表现，正是消费者个性作用的结果。

心理学认为，个性是在先天生理素质的基础上，在后天社会环境的影响下，通过自身的实践活动逐步形成和发展起来的。这里的生理素质指个性的生物属性，是人与生俱来的解剖生理特点，主要包括感觉器官、运动器官、神经系统等的特点和类型。生理素质通过遗传获得，是个性产生的物质基础。后天实践则是个性的社会属性，个人所处社会环境、

---

① 个性在心理学中又称为人格。

生活经历、家庭影响等方面的因素，对个性的形成、发展和转变具有决定性作用。正是由于先天遗传因素与后天社会环境的不同，决定了消费者个性心理各不相同。

（二）个性的构成

从内部结构看，个性主要由个性倾向性和个性心理特征两部分组成。个性倾向性是指个人在与客观现实交互作用的过程中，对事物所持的看法、态度和倾向，具体包括需要、动机、兴趣、爱好、态度、理想、信念、价值观等。个性倾向性体现了人对社会环境的态度和行为的积极特征，对消费者的影响主要表现在心理活动的选择性、对消费对象的不同态度体验，以及消费行为模式上。

个性心理特征是能力、气质、性格等心理机能的独特结合。其中能力体现个体完成某种活动的潜在可能性特征；气质显示个体心理活动的动力特征；性格则反映个体对现实环境和完成活动的态度上的特征。上述三者的独特结合，构成了个性心理的主要方面。研究消费者的个性心理与其行为的关系，主要是研究不同消费者在能力、气质、性格、兴趣等方面的差异及其在消费行为中的反映。

二、消费者能力及其在消费行为中的反映

（一）能力的分类

心理学中把人们能够顺利地完成某种活动，并能表现活动效率的心理特征称为能力。即在条件相同的情况下，所表现出来的在"快慢""难易""巩固程度"及"深浅程度"上的差别。

有关能力的分类，有多种划分方式。比如，按能力的倾向划分，有一般能力和特殊能力；按能力的创造性程度划分，有再造性能力和创造性能力；按能力测验的观点划分，有实际能力和潜在能力。

人的能力的差异，首先表现为能力质的差异。人的一般能力和特殊能力都表现出质的差异性。能力质的差异性具体表现在能力类型的差异上。每一个人都有自己所长，也有自己所短。其次，表现在能力量的差异上。能力量的差异性具体表现为人的各种能力都有发展水平上的差异。能力水平的高低是能够做比较的，现代心理学通常把人的智能划分为超常、正常、低常。人的能力还有表现时间早晚的差异。人与人之间由于遗传生理因素、环境、教育因素的不同影响，能力发展水平有明显的年龄差异。有些人能力早熟，在儿童期

就崭露头角，有些人则大器晚成。个人才能的发挥有早有晚，成就的取得有先有后，这说明人的智力发展速度不是整齐划一的。

（二）消费者的能力结构

消费者在购买商品的过程中，需要多种能力，并运用多种能力。比如，购买服装或布料的时候，就需要手的感觉能力，摸一摸服装或布料的质地；需要观察力，观察服装的颜色是否适合，款式有无缺陷，制作是否精致，质量是否过关；还需要同其他服装或布料进行比较，看看哪种更适合自己的需要，哪种款式、哪种花色更好，等等。

消费者应具有的能力结构，一般来说包括以下几种：

1. 一般能力

一般能力是指在许多活动中都必需的带共同性的基本能力，它适合于多种活动的要求。在消费活动中，一般能力又包括以下一些具体的能力：

（1）注意力。有的消费者很快就能买到自己所需要的商品，而有的消费者在商店里转了大半天也找不着自己所需要的商品。这种情况就是注意力的差异所致。

（2）观察力。观察力是个体对事物进行准确而又迅速的感知能力。观察力强的消费者，往往能很快地挑选出自己所满意的商品。如果消费者观察能力较差，他往往看不到商品的某种不太明显的优点或缺点，就可能失去买到优质商品的机会。

（3）记忆力。一个消费者能否记住某种商品的特性，关系到他能否有效地做出购买决策。有的决策是面对商品时做出的，有的决策则是在没有见到商品的情况下做出的。在后一种情形中，记忆是一个关键。消费者一旦记住了他所需要的商品的特点、商标、产地等，他就可以在没有走进商店之前做出购买决策。

（4）判断力。判断力表现在消费者选购商品时，通过分析、比较对商品的优劣进行判断的能力上。一般来说，判断力强的顾客，能迅速、果断做出买或不买的决策；判断力差的顾客，经常表现为优柔寡断，有时甚至会做出错误的判断。这种能力，也表现在对商品的使用中，有的消费者能迅速发现商品的优劣，做出正确的评价，而有的消费者则不能。

（5）比较能力。比较能力表现为消费者在购买时会看看哪种商品更适合自己的需要，哪种款式、哪种颜色更好。

（6）决策能力。当消费者选中了自己满意的商品时，是否能下决心买下来，还需要有决策能力。

2. 特殊能力

特殊能力是指某种专门性活动所必需的知识和技能，它属于专业技术方面的能力。如购买高级衣料的鉴别能力，购买古玩、乐器的鉴赏能力，购买药品的评价能力等。

3. 人际交往能力

从心理学角度看，消费者消费的过程可以看作一种商业交际活动。所谓交际，是人与人之间的交往。在社会生活中，每个人所处的地位、肩负的任务不同（他所担任的角色不同），他的行为方式和行为准则也会不同。在市场活动中，作为买卖双方的消费者和营销人员，就代表不同的社会角色进行着交际活动。

4. 应变能力

消费者要想获得绝对满意的效果其实是有一定难度的。这是因为买卖双方利益具有明显的歧异性，使得双方在心理上难以认同；还有双方在市场地位上的对立性，这种对立性尤其在市场供求严重失衡的情况下表现得更为明显。这就要求消费者具有一定的应变能力来把握购买行为的最终效果。

消费者能力，包括对商品的辨别力、挑选力、评价力、鉴赏力、决策力等，每一方面都有着因人而异的差别。

（三）消费者的消费能力类型

消费者不同的能力决定了不同的购买类型。一般可从以下角度划分消费者的消费能力类型：

1. 从购买目标的确定程度划分

从购买目标的确定程度，消费者的消费能力可以分为确定型消费、半确定型消费和盲目型消费。

（1）确定型消费。此类消费者有比较明确的购买目标，事先掌握了一定的市场信息和商品知识，他们进入商店后，能够有目的地选择商品，主动提出须购商品的规格、式样、价格等多项要求。如果购买目标明确且能够通过语言清晰、准确地表达，购买决策过程一般较为顺利。

（2）半确定型消费。此类消费者进入商店前已有大致的购买目标，但对商品的具体要求尚不明确。他们进入商店后，行为是随机的，与营业员接触时，不能具体地提出对所需商品的各项要求，注意力不是集中在某一种商品上，决策过程根据购买现场情景而定。

（3）盲目型消费。此类消费者购买目标不明确或不确定。他们进入商店里，无目的地浏览，对所需商品的各种要求意识蒙胧，表达不清，往往难以为营业员掌握。这种人在进行决策时容易受购买现场环境的影响，如营业员的态度、其他消费者的购买情况等。

2. 从对商品的认识程度划分

从对商品的认识程度，消费者的消费能力可以分为知识型消费、略知型消费和无知型消费。

（1）知识型消费。此类消费者了解较多有关的商品知识，能够辨别商品的质量优劣，能很内行地在同种或同类商品中进行比较、选择。这类人在选择中比较自信，往往胸有成竹，有时会向营业员提少量关键性问题。营业员接待这类顾客时要尊重他们自己的意见，或提供一些技术性的专业资料，不必过多地解释和评论。

（2）略知型消费。此类消费者掌握部分有关的商品知识，需要营业员在服务中补充他们欠缺的部分知识，有选择性地向他们介绍商品。

（3）无知型消费。这是就消费者对某一具体商品的认知而言的。此类消费者缺乏有关的商品知识，没有购买和使用经验，挑选商品常常不得要领，犹豫不决，希望营业员多做介绍，详细解释。他们容易受广告、其他消费者或营业员的影响，买后容易产生"后悔"心理。因而，营业员要不怕麻烦，主动认真、实事求是地介绍商品。

划分消费者消费能力的类型，是一件十分复杂的事情。因为每个消费者的性别、年龄、职业、经济条件、心理状态、空闲时间和购买商品的种类等方面不同，以及购买环境、购买方式、供求状况，营业员的仪表和服务质量等方面有别，都会引起消费者消费能力的差异现象。

（四）消费者消费能力的差异表现

消费者在进行消费的过程中，由于经济状况、年龄、职业等不同形成不同的消费能力和消费意愿。消费者的能力千差万别，同样，消费者的消费能力也各不相同。消费者的消费能力是多种因素共同作用的结果。比如，收入高的人群的消费能力和消费意愿就比低收入者要强一些，同样，年轻人的消费能力和消费意愿比老年人的要强。

具体来说，受其自身因素的影响，消费者消费能力的差异表现在以下几个方面：

1. 消费者的经济状况的差异

消费者的经济状况，是指消费者的收入、存款与资产、借贷能力等。消费者的经济状况会强烈影响消费者的消费水平和消费范围，并决定消费者的需求层次和购买能力。消费者经济状况较好，就可能产生较高层次的需求，购买较高档次的商品，享受较为高级的消费；消费者经济状况较差，通常只能优先满足衣、食、住、行等基本生活需求。

2. 消费者的职业和地位的差异

不同职业的消费者，对于商品的需求与爱好往往不尽一致。一个从事教师职业的消费者，一般会较多地购买书报杂志等文化商品；而对于时装模特儿来说，漂亮的服饰和高雅的化妆品则更为需要。消费者的地位不同也影响着其对商品的购买。身在高位的消费者，将会购买能够显示其身份与地位的较高级的商品。

3. 消费者的年龄与性别的差异

消费者对产品的需求会随着年龄的增长而变化，在生命周期的不同阶段，相应需要各种不同的商品。如在幼年期，需要婴儿食品、玩具等；而在老年期，则更多需要保健和延年益寿的产品。不同性别的消费者，其购买行为也有很大差异。烟酒类产品较多为男性消费者购买，而女性消费者则喜欢购买时装、首饰和化妆品等。

（五）消费者的消费能力与营销

消费者在购买活动中的能力，除本身素质是重要的基础外，还有许多其他因素也发挥了作用。如销售者如何向消费者传递商品信息、讲解商品知识、保养维修方法、示范使用操作技术等，也决定了消费者的消费能力。消费实践活动是消费者能力发展的决定性条件，它制约着消费能力发展的性质与水平。

消费者的消费能力是在实践中表现出来的，因此，在营销活动中，消费者购买行为的多样性或差异性，也一定会在购买活动中表现出来。这就为企业促进销售、引导消费提供了依据。但同时，企业的营销人员应讲究职业道德，切不可有意利用顾客的能力弱点去推销伪劣商品，欺诈顾客。

由于企业营销人员的营销能力与服务效果有密切的联系，所以企业营销人员也要通过实践和加强理论学习，来不断提高自己的营销能力。

三、消费者气质及其在消费行为中的反映

（一）气质的概念及类型

1. 气质的概念理解

"气质"一词源于拉丁语"temperamentum"，原意为比例、关系。从消费心理学的角

度看，气质是指个体心理活动的典型的、稳定的动力特征。这些动力特征主要表现在心理过程的强度、速度、稳定性、灵活性及指向性上。如情绪体验的强弱与快慢、思维的敏捷性、知觉的敏锐度、注意集中时间的长短、注意转移的难易，以及心理活动倾向于外部世界还是内心世界，等等。

气质是由人的生理素质或身体特点反映出的人格特征，是人格形成的原始材料之一。人在新生儿期就有气质表现，如有的婴儿安静，有的婴儿好哭，必然影响其父母或哺育者与婴儿的互动关系，从而影响人格的形成。表现在心理活动的动力特征上，如心理过程的速度、强度、稳定性、指向性和灵活性等。具体表现为情绪体验的强弱、意志力的大小、注意力集中时间的长短、知觉或思维的快慢等，使个体的全部心理活动呈现独特的色彩。气质与人格的区别在于，人格的形成除了以气质、体质等先天禀赋为基础外，社会环境的影响也起决定作用；而气质是人格中的先天倾向。气质作为个体稳定的心理动力特征，一经形成，便会长期保持下去，并对人的心理和行为产生持久影响。但是，随着生活环境的变化、职业的熏陶、所属群体的影响以及年龄的增长，人的气质也会有所改变。消费者的气质亦如此。当然，这个变化是一个相当缓慢的、渐进的过程。

此外，作为一种心理动力特征，气质还可以影响个体进行活动的效率和效果。在消费活动中，不同气质的消费者由于采取不同的行为表现方式，如态度热情主动或消极冷漠，行动敏捷或迟缓，往往会产生不同的活动效率和消费效果。这一特征，正是人们在消费心理研究中，关注气质研究的意义所在。

2. 气质的类型

多少个世纪以来，古今中外的学者们一直在试图揭开气质的实质，他们创立了各种有关气质的学说。古代最著名的气质学说是由古希腊的学者兼医生希波克拉底在公元前5世纪提出的"体液说"。他认为人体内含有四种体液，即血液、黏液、黄胆汁、黑胆汁。希波克拉底认为，机体的状态取决于四种体液的有机配合。公元2世纪，罗马医生盖仑采用了"气质"这一用语，并把人的气质分为13种。后来被古代医学界逐渐简化为四类，即四种体液的混合。以血液占优势属多血质类型，以黏液占优势属黏液质类型，以黄胆汁占优势属胆汁质类型，以黑胆汁占优势属抑郁质类型。体液说并没有被现代科学实践所证实，是缺乏科学根据的。但在生活中人们确实可以观察到这四种气质类型的典型人物，这就是四种气质类型沿用至今的原因。

（1）胆汁质。这种气质的人情绪易激动，反应迅速，行动敏捷，暴躁而有力；性急，有一种强烈而迅速燃烧的热情，不能自制；在克服困难上有坚忍不拔的劲头，但不善于考虑能否做到，工作有明显的周期性，能以极大的热情投身事业，也准备克服且正在克服通向目标的重重困难和障碍，但当精力消耗殆尽时，便失去信心，情绪顿时转为沮丧而一事无成。胆汁质的代表人物有张飞和李逵。

（2）多血质。这种气质的人灵活性高，易于适应环境变化，善于交际，在工作、学习中精力充沛而且效率高；对什么都感兴趣，但情感兴趣易于变化；有些投机取巧，易骄傲，受不了一成不变的生活。多血质的代表人物有韦小宝和孙悟空。

（3）黏液质。这种气质的人反应比较缓慢，坚持而稳健地辛勤工作；动作缓慢而沉着，能克制冲动，严格恪守既定的工作制度和生活秩序；情绪不易激动，也不易流露感情；自制力强，不爱显露自己的才能；固定性有余而灵活性不足。黏液质的代表人物有鲁迅。

（4）抑郁质。这种气质的人有高度的情绪易感性，常为微不足道的原因而动感情，且有力持久；行动表现上迟缓，有些孤僻；遇到困难时优柔寡断，面临危险时极度恐惧。抑郁质的代表人物有林黛玉。

（二）气质不同表现和消费者心理与行为

依据体液说，我们可以对四种典型的消费者的购买行为做如下描述：

1. 胆汁质型

这类消费者表情外露、心直口快，选购商品时言谈举止显得匆忙，一般对所接触到的第一件合意的商品就想买下，不愿意反复选择比较，因此，往往是快速地甚至是草率地做出购买决定。他们到市场上就想急于完成购买任务，如果等候购物时间稍长或营业员的工作速度慢、效率低，都会激起其烦躁情绪。他们在与营业员的接触中，其言行主要受感情支配，态度可能在短时间内发生剧烈变化，挑选商品时以直观感觉为主，不加以慎重考虑。

企业营销人员接待这类消费者时动作要快捷、态度要耐心、应答要及时。可适当向他们介绍商品的有关性能，以引起他们的注意和兴趣。另外，还要注意语言友好，不要刺激对方。

2. 多血质型

商品的外表、造型、颜色、命名对这类消费者影响较大，但他们的注意力有时容易转移，兴趣忽高忽低，行为易受感情的影响。他们比较热情、开朗，在购买过程中，愿意与营业员交换意见或者与其他消费者攀谈；有的会主动告诉别人自己购买某种商品的原因和用途；喜欢向别人讲述自己的使用感受和经验；自己不知道，也希望从别人那里了解到。另外，选购过程中，易受周围环境的感染、购买现场的刺激和流行时尚的影响。

企业营销人员接待这类消费者时要主动介绍，与之交谈，注意与他们联络感情，以促使其购买。而且企业营销人员与这类消费者"聊天"时，应给以指点，使他们专注于商品，缩短购买过程。

3. 黏液质型

这类消费者选购商品时，表现得优柔寡断，显得千思万虑，从不仓促地做出决定；对营业员或其他人的介绍将信将疑，态度敏感，挑选商品时小心谨慎，过于一丝不苟；还经常因犹豫不决而放弃购买。

企业营销人员接待这类消费者时要注意态度和蔼、耐心，对他们可做些有关商品的介绍，以消除其疑虑，促成买卖；对他们的反复变化，应予以理解。

4. 抑郁质型

这类消费者挑选商品时比较认真、冷静、慎重，信任文静、稳重的营业员。他们善于控制自己的感情，不容易受广告、商标、包装的干扰和影响。他们对各类商品，喜欢自己加以细心地比较、选择后才决定购买，给人慢悠悠的感觉，有时会引起服务人员和别的顾客的不满情绪。

企业营销人员接待这类消费者时要避免过多地提示和热情，否则容易引起他们的反感；要允许他们有认真思考和挑选商品的时间，接待时更要有耐心。

（三）消费者的气质理论与营销实践

在营销实践中，营销人员面对的消费者的情况是复杂多样的。消费者的气质类型大多处于各种类型的中间类型，而且加之外界条件的影响，所以消费者的气质特点是不可能一踏进商店就鲜明地表现并反映出来的，其气质特征显露的机会是各不相同的，于是购买行为也就表现得复杂多样。因此，要做到把纷繁复杂的购买行为划分为某一类型是不可能也是不必要的。在现实的购买活动中，营销人员主要是观察和判定构成消费者的气质类型的各种心理特征，以及构成气质生理基础的高级神经活动的基本特征。因为消费者的言谈举止、反应速度以及精神状态等一系列的外在的表现，总是会不同程度地反映出他的气质。

消费心理与行为学研究消费者的气质类型及其特征，目的就是提供一种理论的指导，帮助营销人员学会怎样根据消费者在购买活动中的行为表现，发现和识别他们气质方面的特点，从而揭示他们的购买活动规律，利用和引导气质的积极的一方面，有针对性地提供各种服务,更好地满足消费者的需求,促使营销做得更加有效;营销人员在对消费者气质重视的同时,也有助于提高自身的心理素质,从而有意识地对自己的气质加以调节与控制,形成良好的个性,提高营销活动的质量和效果。

四、消费者性格及其在消费行为中的反映

(一)性格认知

性格是个体表现在对现实的态度和行为方式上的比较稳定的心理特征。性格是个性心理特征中最重要的方面,它通过人对事物的倾向性态度、意志、活动、言语、外貌等方面表现出来,是个人的本质属性的独特结合,也是每个人区别于其他人的最显著、最集中的表现。人们在现实生活中表现出的某些一贯性的态度倾向和行为方式,如无私、勤劳、勇敢、自私、懒惰、懦弱等,即反映了自身的性格特点。

性格有时易与气质混为一谈,实际上二者既有联系,又有区别。气质主要指个体情绪反应方面的特征,是个性内部结构中不易受环境影响的比较稳定的心理特征;性格则除了情绪反应特征外,还包括意志反应的特征,是个性结构中较易受环境影响的可变的心理特征。性格与气质又相互影响,互相作用。气质可以影响性格特征的形成和发展速度以及性格的表现方式,从而使性格带有独特的色彩。性格则对气质具有重要的调控作用,它可以在一定程度上掩盖或改造气质,使气质的消极因素受到抑制,积极因素得到发挥。

(二)性格与消费者的购买行为

消费者的性格是在购买行为中起核心作用的个性心理特征。消费者之间不同的性格特点会体现在各自的消费活动中,从而形成千差万别的消费行为,具体表现可做多种划分。

1. 从消费态度角度划分

从消费态度角度可以分为节俭型、保守型、随意型。

(1)节俭型。节俭型的消费者在消费观念和态度上崇尚节俭,讲究实用。选购商品的过程中较为注重商品的质量、性能、实用性,以物美价廉作为选择标准,而不在意商品的外观造型、色彩、包装装潢、品牌及消费时尚,不喜欢过分奢华、高档昂贵、无实用价值的商品。

(2)保守型。保守型的消费者在消费态度上较为严谨,生活方式刻板,性格内向,怀旧心理较重,习惯于传统的消费方式,对新产品、新观念持怀疑、抵制态度,选购商品

时，喜欢购买传统的和有过多次使用经验的商品，而不愿冒险尝试新产品。

（3）随意型。随意型的消费者在消费态度上比较随意，没有长久稳定的看法，生活方式自由而无固定的模式。在选购商品方面表现出较大的随意性，且选择商品的标准也往往多样化，经常根据实际需要和商品种类不同而采取不同的选择标准和要求，同时受外界环境及广告宣传的影响较大。

2. 从购买行为方式角度划分

从购买行为方式角度可以分为习惯型、慎重型、挑剔型、被动型。

（1）习惯型。习惯型的消费者在购买商品时习惯于参照以往的购买和使用经验，一旦对某种品牌的商品熟悉并产生偏爱后，便会经常重复购买，形成惠顾性购买行为，同时受社会时尚、潮流影响较小，不轻易改变自己的观念和行为。

（2）慎重型。慎重型消费者的性格大都沉稳、持重，做事冷静、客观，情绪不外露。选购商品时，通常根据自己的实际需要并参照以往的购买经验，进行仔细慎重的比较权衡，然后做出购买决定。购买过程中，受外界影响小，不易冲动，具有较强的自我抑制力。

（3）挑剔型。挑剔型消费者的性格特征表现为意志坚定，独立性强，不依赖他人。在选购商品时强调主观意愿，自信果断，很少征询或听从他人意见，对销售人员的解释劝导常常持怀疑和戒备心理，观察商品细致深入，有时甚至过于挑剔。

（4）被动型。被动型的消费者在性格特征上比较消极、被动、内倾，由于缺乏商品知识和购买经验，在选购过程中往往犹豫不决，缺乏自信和主见，对商品的品牌、款式等没有固定偏好，希望得到别人的意见和建议。由性格决定，这类消费者的购买行为常处于消极被动状态。

需要指出的是，上述按消费态度和购买方式所做的分类，只是为了便于我们了解性格与消费行为之间的内在联系，以及不同消费性格的具体表现。现实中，由于购物环境的影响，消费者的性格经常难以按照原有面貌表现出来。因此，在观察消费者的性格特征时，应特别注意其稳定性，而不应以一时的购买表现来判断其性格类型。

（三）消费者性格与营销

现实生活中的消费者，他们的性格往往不是单一型的，而是中间型或混合型的。研究消费者的性格特征及类型，有利于更好地做好销售和服务工作，因此，有着重要的实践意义。

1. 受企业欢迎的消费者性格类型

从市场营销的角度看，企业最欢迎具有以下性格类型的消费者，因为客观上他们可以帮助推销商品。

（1）外向友善型。这类消费者是商品的口头传播者，他们热情、外向、善交际、话多。很多资料表明，口传信息是影响消费者行为的重要因素之一。他们对于感兴趣的或购后评价好的商品，总是自觉或不自觉地充当着这一商品的义务宣传员。当然，如果他们对商品不满意，就会劝说别人不要上当，这时，他们的一句话能抵得上一连串的广告。具有这些性格特征的消费者，喜欢给别人出主意、提建议，帮助他人选购商品。这主要因为他们口传的信息是在没有个人企图的情况下发表的独立见解，能帮助别人分析商品的优缺点和购买的利弊。他们的评论和意见常常是根据自己的切身体验提出的，这就大大增强了信息的可信程度，因而人们十分相信来自这些人的商品信息。

（2）勇敢冒险型。这类消费者性格开朗、思想解放，容易接受新事物、愿意尝试新产品。因此，他们是新产品购买和使用的先行者和"活广告"。

（3）时尚导向型。这类消费者是赶时髦的风流人物，他们的意向和行为倾向往往成为其他消费者的表率，因此，通过他们可以扩大市场影响。

具有以上三类性格特征的消费者对新产品有着浓厚的兴趣，喜欢依靠自己的能力对新产品做出判断和评价。他们往往把比别人早一点获得新产品信息作为一种乐趣，并通常是最早做出购买尝试的；他们富有创新精神，往往为了使用新产品而不畏风险。

2. 性格理论对营销活动的意义表现

性格理论对营销活动的意义，表现在对企业营销人员的选择和个人良好性格类型的培养上。企业营销人员承担着把产品从生产领域转移到流通领域，最终到达消费领域的任务。企业营销人员需要与各种消费者打交道，与社会各界联络沟通，参加各种营销活动（社交活动）。因此，企业营销人员应选择和培养自己具有有助于人与人之间接触、沟通的外向型性格类型。因为外向型性格的人，心理活动倾向于外部，经常对外部事物表现出关心和兴趣，开朗、活泼，特别善于社交。在性格的培养过程中，特别重要的是要学会对自己的性格进行自我调节和自我教育。外因只有通过内因才能起作用。只有当企业营销人员意识到自己的性格必须符合自己所从事的工作时，他才能产生积极的动机，自觉地调节自己的行为方式，重视在工作实践中培养自己良好的性格特征。在社会实践中，人们适应并改变着环境，也改变着自己的性格。

因此，营销工作实践是培养良好性格特征和使它变为习惯化的行为方式的有效途径。

五、消费者兴趣及其在消费行为中的反映

兴趣是人们力求认识某种事物和从事某项活动的意识倾向,表现为人们对某种事物、某项事件(活动)的选择性态度和积极的情绪反应。兴趣又以需求为基础,包括精神需求和物质需求。精神需求是不以物质占有为最终目的的工作、生活、情感等方面的满足欲望,在消费过程中的精神需求通常表现为商家对消费者身份的尊重、吹捧,对消费者言行的认可和赞誉,以消费者为背景对某种社会公益行为的倡导,等等。精神需求是多样性的,不同的人有不同的需求,甚至包括一些畸形的精神需求。

(一) 消费者兴趣的特征

消费者兴趣是指人们需要某一种商品的情绪倾向,是消费者对于客观事物特殊的认识倾向。所谓特殊的认识倾向是指在认识过程中带有稳定的指向、趋向、偏好,并能持续较长的时间。

消费者兴趣的特征表现在以下几个方面:

一是倾向性。消费者兴趣的倾向性是指消费者的兴趣所指向的客观事物的具体内容和对象。例如,在对车的偏好上,有些消费者喜欢动力性能强、大型的吉普车;而有些消费者则关注车的内饰及性价比等。再如在购买活动中,消费者总是对某一牌号、某一类型的商品感兴趣。

二是效能性。消费者兴趣的效能性是指消费者的兴趣对其行动的推动作用。例如,某顾客一旦对某商品感兴趣,或迟或早总想买到它,即使借钱也要买。兴趣深刻还会形成重复购买的习惯和偏好。

三是差异性。消费者兴趣的差异性是指消费者的兴趣因人而异,差别极大。兴趣的中心、广度和稳定性与消费者的年龄、性别、职业和文化水平有着直接的联系,影响着消费者行为的倾向性与积极性。有些人兴趣广泛,琴、棋、书、画样样爱好;有的对什么事情都不感兴趣,百无聊赖。有的人对某物、某事兴趣相当稳定,简直"着了迷";有的人则今天爱这、明天玩那,见异思迁,很难有一个稳定的兴趣对象。

消费者兴趣还有其关联性和偶然性的特征,即消费者对有需求的事物更为关注,更容易产生兴趣;同时,兴趣也隐藏在偶然之间,即消费者不是基于迫切需求,而是在特殊环境或特殊气氛下实施购买行为。

（二）消费者兴趣的不同类型

1. 根据兴趣的内容和倾向性不同划分

根据兴趣的内容和倾向性，消费者兴趣可分为物质的兴趣和精神的兴趣。

物质的兴趣是指人们对物质产品的兴趣，如消费者对衣、食、住、用商品的渴望和爱好。

精神的兴趣是指人们为满足精神需求而形成的态度倾向，如对文学、艺术的爱好等。

2. 根据兴趣与指向对象的关系的不同划分

根据兴趣与指向对象的关系，消费者兴趣可分为直接的兴趣和间接的兴趣。

由事物本身而引起的兴趣称为直接的兴趣，如戏剧、电影和一堂讲授得生动的课等。表现在消费中，是消费者对商品或劳务本身的需要而产生的喜爱和追求，如青年学生由于对牛仔服的喜爱而省吃俭用去购买它等。

对某种事物的本身没有兴趣，而对于这种事物未来的结果有兴趣，称为间接的兴趣，如对外语的学习等。有的学生开始对外语不一定感兴趣，因为对记忆大量的外文单词感到困难，但在认识到学好外语的重大意义和作用后，就深感有刻苦学习的必要，进而对它产生了兴趣。在消费中，如某人并不喜爱音乐艺术，但为了把孩子将来培养成为音乐家而去买钢琴。

3. 根据人的意识参与兴趣的程度划分

根据人的意识参与兴趣的程度，消费者兴趣可分为情趣和志趣。

情趣是感情作用于兴趣的结果，表现为对某种消费对象的喜爱与追求，如某种商品引起了某消费者的喜爱，尽管目前并不需要，但还是买下了。

志趣是意志作用于兴趣的结果，表现为消费者热衷于创造活动，是一种间接兴趣，往往是一种偏好，如集邮、钓鱼等。

4. 根据兴趣具有个体差别划分

由于兴趣具有个体差异的特征，因而反映到消费者购买商品种类的倾向性上有以下几种常见类型。

（1）偏好型。消费者兴趣的指向性形成对一定事物的特殊喜好。此类消费者的兴趣非常集中，甚至可能带有极端化的倾向，直接影响他们购买商品的种类。有的消费者千方百计地寻觅自己偏好的商品，有的不惜压缩基本生活开支而购买某类商品。有的甚至到成癖的地步,如有些收藏家,就是这类消费者。他们有时为一张邮票、一盆花而费尽心机、倾其所有。

(2) 广泛型。这类属于具有多种兴趣的消费者。他们对外界刺激反应灵敏,可以受到各种商品广告、宣传、推销方式的吸引或社会环境的影响,购买方式往往不拘一格。

(3) 固定型。此类消费者兴趣持久,往往是某些商品的长期顾客。他们的购买具有经常性和稳定性的特点。与偏好型的区别在于尚未达到成癖的地步。

(4) 随意型。此类多为兴趣易变的消费者。他们一般没有对某种商品的特殊偏爱或固定习惯,也不会成为某种商品长期的忠实消费者,他们容易受到周围环境和主体状态的影响,不断转移兴趣的对象,因时而异、因人而异、因地而异地购买商品。

(三) 消费者兴趣和消费者心理与行为

一般地说,消费者对于某种事物发生兴趣时,总是有喜欢、高兴、满意等情感相伴随。

在商业经营活动中,善于察觉消费者对客体特殊的认识倾向,包括他们对商业经营活动中哪些事物产生兴趣或不感兴趣,是揣摩消费者心理、提高商业经营水平的重要环节;同时,由于兴趣存在着积极和消极两种倾向,研究消费者的兴趣,还有利于在商业服务工作中引导与鼓励消费者的积极兴趣,克服与改造消费者的消极兴趣,从而创造良好的社会消费风气。

第一,消费者兴趣有助于消费者为未来的购买活动做准备。消费者如对某种商品产生兴趣,往往会主动收集有关信息,积累知识,为未来的购买活动打下基础。如一个喜爱音乐的人,就有可能去购买随身听、卡拉OK及高级音响。

第二,消费者兴趣能使消费者缩短决策过程,尽快做出购买决定并加以执行。消费者在选购自己感兴趣的商品时,一般来说心情比较愉快,精神比较集中,态度积极认真,这样使得购买过程顺利进行。

第三,消费者兴趣可以刺激消费者对某种商品重复购买或长期使用。消费者一旦对某种商品产生持久的兴趣,就发展成为一种个人偏好,从而促使他固定地使用,形成重复的、长期的购买行为。如有人已习惯使用黑白牙膏,对其有了偏好,不管有何新的牙膏产品问世,他都不改变习惯,总是购买黑白牙膏。对集邮、钓鱼、种花等有兴趣的消费者,会经常地去光顾有关的商品专业市场,重复购买与此兴趣有关的商品。

总而言之,消费者兴趣对消费者的购买行为有着重要的影响。

（四）消费者的兴趣与企业营销

消费者的兴趣能使消费者易于做出购买决定，促进购买行动，可以刺激消费者对某种商品重复购买或长期使用。例如，喜欢绿茶的消费者无疑缩小了在购买饮品时的选择范围。

消费者兴趣的广泛程度与知识面的宽窄有着密切的联系。企业营销人员应该培养广泛的消费者兴趣，同时要把广泛的消费者兴趣与中心的消费者兴趣结合起来，做到既博又专。兴趣的持久性，即兴趣的稳定程度。人们对事物的兴趣，可以经久不变，也可以变化无常。培养持久的兴趣是在工作上取得成就的必要条件。兴趣的效果性，即兴趣的力量。若兴趣能够成为推动工作和活动的动力，其效果就是积极的；若兴趣仅仅是一种向往，而不能产生实际效果，它就是消极的。

兴趣营销就是企业在营销过程中围绕消费者的精神需求与物质需求，寻求消费者的兴趣所在，通过企业的针对性行为激发消费者的兴趣而进行的活动。营销的过程可分为吸引客户注意力和促成交易两个步骤，前者是把客户吸引到企业指定的场所，后者是使上门客户通过促成手段产生交易。

在企业的品牌和营销推广过程中，企业营销人员要通过广告宣传激发消费者的兴趣，就得考虑受众群体的实际情况，对消费者进行性别、年龄、文化程度、职业等方面的细分，研究特定群体的需求根据、需求目的，最大限度地满足特定群体的需求。

第二节　消费者需要与购买动机

在影响消费者行为的诸多心理因素中，需要和动机占有特殊重要的地位，与行为有着直接而紧密的联系。这是由于人们的任何消费行为都是有目的的，这些目的的实质是满足人们的某种需要或欲望。当一种需要未得到满足时，人们会产生内心紧张，这种紧张状态成为激发人们争取实现目标的动力，即形成动机；在动机的驱使下，人们采取行动以实现目标；目标达到，需要得到满足，内心紧张状态消除，行为过程即告结束。

由于需要、动机与行为之间具有紧密的内在联系，任何消费行为都是在需要和动机的直接驱动下进行的，因此，有必要深入研究消费者的需要与动机的内容、特性及其变化趋势，以便把握消费者心理与行为的内在规律。长期以来，消费者的需要和动机一直是消费者行为的重点研究领域。

一、消费者需要

需要是个体由于缺乏某种生理或心理因素而产生内心紧张，从而形成与周围环境之间的某种不平衡状态。消费者需要包含在人类一般需要之中，它反映了消费者某种生理或心理体验的缺乏状态，并直接表现为消费者对获取以商品或服务形式存在的消费对象的要求和欲望。当一种需要满足后，人们会产生新的需要，因此消费者的需要是无限发展的。

需要的形成有两个前提条件：一是缺少某种对象物的匮乏感，如饥饿时需要食物；二是期望得到某种对象物来获得满足感，如获得友爱的需要。需要是人类行为的原动力，但是消费者不是随时都能感知到自己的需要，只有当需要被激发和唤醒时，才会促使消费者采取购买行动。有时消费者并未感到心理或生理的匮乏，而是因外部刺激或消费诱因而产生对某种商品的需要。

（一）消费者需要的特性

消费者需要具有某些共有的特性，具体表现如下：

1. 多样性和差异性

多样性和差异性是消费者需要最基本的特性，它们既表现在不同消费者之间需要的差异上，也体现在同一消费者多样化的需要内容中。

消费者需要的产生取决于消费者自身的主观原因和所处消费环境两方面因素。每个消费者的年龄、性别、民族传统、收入水平、文化程度等存在诸多差异，由此形成多种多样的消费需要。每个消费者都会按照自身的需要选择、评价和购买商品，比如，有人追求商品的品牌和美观，有人以经济实用为标准，由此表现出多样性和差异性的需要。消费者需要的多样性还表现为同一消费者对同一消费对象的多方面要求，比如购买冬装时，要求冬装既要具有良好的保暖性，也要美观、新颖、耐穿等。

2. 周期性

消费者的某些需要在获得满足后，一定时期内不再产生，但随着时间的推移还会重新出现，呈现出明显的周期性。重新出现的需要不是原有需要的简单重复，而是在内容、形式上有所变化和更新。这种需要的周期性特点主要是由消费者的生理运行机制及某些心理特性引起的，并受到自然环境变化周期、商品生命周期等影响。例如，消费者对食物呈现出明显的周期性需要，对服装的周期性需要则随着季节变化和时尚潮流不断更新。

3. 层次性和发展性

消费者的需要是有层次的，并由低层次向高层次逐级延伸发展。通常情况下，消费者首先关注低层次的需要，当低层次需要满足时，则会转向追求高层次需要。例如，充饥、御寒属于较低层次的需要；受人尊重、实现自我属于高层次的需要。通常人们在满足生存、安全需要的基础上，才会追求受人尊重、自我实现等高层次的需要。

消费需要是一个由低级向高级、由简单向复杂不断发展的过程，因此，消费者需要不是一成不变的，而是具有发展性。随着社会经济的发展和人民生活水平的提高，消费者对商品的需要在数量和质量上都不断变化提升。消费需要的发展性可以促进社会经济的发展，而随着社会经济的发展，消费需要也在不断地发展变化。

4. 伸缩性

伸缩性又称需求弹性，是指消费者对某种商品的需要会受某些因素如支付能力、价格、储蓄利率等影响，而发生一定的变化。从支付能力看，在现实生活中，每个消费者都具有多种需要，但在一定时期内，多数消费者的支付能力是有限的，多方面的消费需要与有限的支付能力之间的矛盾，使消费者的需要有限地得到满足，并表现出一定的伸缩性，即在需要的强度和容量上可多可少、可强可弱。价格亦是引起需要伸缩性的主要因素。一般来讲，价格与消费需求成反比，即价格上升，需求减少。可见，当客观条件限制需要的满足时，需要可以抑制、转化、降级，可以停留在某一水平上，也可以较低数量同时满足几种需要，还可以放弃一些需要而获得某一种需要的满足，由此表现出明显的弹性。

5. 可诱导性

消费者的需要不是一成不变的，任何层次的需要都会因环境的变化而发生改变。环境的改变或外部诱因的刺激、引导，可以诱使消费者需要发生变化和转移，因此，消费者需要具有可诱导性，即可以通过人为地、有意识地给予外部诱因或改变环境状况，诱使和引导消费者需要按照预期的目标发生变化和转移。实践中，许多企业正是利用消费者需要的可变性和可诱导性这一特点，开展广告宣传，倡导消费时尚，创造示范效应，施予优惠刺激等，来有效地影响、诱导消费者形成、改变或增加某种需要。

（二）消费者需要的分类

1. 按照需要的起源分类

按照需要的起源可以分为自然需要和社会需要。

自然需要是指消费者为维持生命和延续后代而产生的需要,具体表现为对衣、食、住、行、健康、安全等基本生存资料的需要。这种需要是与生俱来的,因此又称生理需要。

社会需要是人们在后天的社会生活中形成的、带有人类社会特点的需要,如社交、荣誉、友情、尊重、表现自我等需要。这些需要是基于消费者的心理特性产生的,因此也称心理需要。

2. 按照需要的对象分类

按照需要的对象可以分为物质需要和精神需要。

物质需要是指消费者对以物质形态存在的、具体有形商品的需要。这种需要反映了消费者在生物属性上的欲求。消费者的物质需要也可以进一步区分为低级物质需要和高级物质需要。低级物质需要指向维持生命所必需的基本对象;高级物质需要是指人们对高级生活用品如汽车、奢侈品等的需要。

精神需要是指消费者对于意识观念的对象或精神产品的需要。这种需要反映了消费者在社会属性上的欲求,是因心理上的匮乏感而产生的,主要表现在对认知、审美、追求真理、满足兴趣爱好以及友情、亲情等需要上。

3. 按照需要的形式分类

按照需要的形式可以分为生存需要、享受需要、发展需要。

生存需要包括对基本的物质生活资料、休息、健康、安全的需要。满足生存需要的目的是使消费者的生命得以维持和延续。

享受需要是在满足基础需要之后,对物质有更高级的需要,比如要求吃得好、穿得美、住得舒适、用得奢华。消费者可以通过满足享受需要获得生理和心理上的极大享受。

发展需要体现为要求学习文化知识,增进智力和体力,提高个人修养,掌握专业技能,在某一领域取得成就等。这类需要的满足可以使消费者的潜能得到充分释放。

4. 按照需要的层次分类

美国人本主义心理学家马斯洛[①]将人类需要按由低级到高级的顺序分成五个基本层次,依次为生理需要、安全需要、爱和归属的需要、尊重的需要和自我实现的需要。这五

---

① 亚伯拉罕·马斯洛是美国著名社会心理学家,第三代心理学的开创者,提出了融合精神分析心理学和行为主义心理学的人本主义心理学,于其中融合了其美学思想。他的主要成就包括提出了人本主义心理学和马斯洛需求层次理论。

种需要之间相互联系，并依照从低级到高级的层次组织起来，只有当较低层次的需要得到满足后，才会出现高层次的需要，最后达到自我实现的顶峰。

生理需要是个体为维持生存和发展而产生的对基本生活资料的需要，如对食物、空气、水、睡眠等的需要。这是各类需要中必须首先满足的最基本需要，唯有生理需要获得满足之后，人们才有可能产生新的其他方面的需要。

安全需要是人们希望保护自己的肌体和精神不受危害的欲望，以及获得保护、照顾和安全感的需要。安全需要既包括生理方面的，也包括心理方面的，体现为要求社会环境的安全、职业的稳定、有良好的医疗条件、养老有保障等。

爱和归属的需要主要表现为人们作为社会成员，希望获得友情、亲情和爱情，与他人保持密切的交往，并归属于某一社会群体，得到群体的关心和帮助。这种需要的第一要义是希望他人认识到自我的存在，可以使自己感受到关注和关心。

尊重的需要包括自我尊重和受人尊重两方面的要求，具体表现为渴望实力、成就、独立与自由，渴望名誉和声望，受到他人的赏识和高度评价等。

自我实现的需要指人们希望发挥自己的特长和潜能，实现对理想、信念、抱负的追求。自我实现是人类最高级的需要，它涉及求知、审美、创造、成就等内容。

5. 按照需要的社会性分类

美国哈佛大学教授戴维·麦克利兰[①]通过对人的需求和动机进行研究，于20世纪50年代提出成就需要理论，又称"三种需要理论"，分别为成就需要、亲和需要和权力需要。麦克利兰经过20多年的研究得出结论认为，人类的许多需要都不是生理性的，而是社会性的，而且人的社会性需要不是先天的，而是后天的，得自于环境、经历和培养教育等，很难从单个人的角度归纳出共同的、与生俱来的心理需要。时代不同、社会不同、文化背景不同，人的需要亦有所不同，自我实现的标准也不尽相同。

在生存需要基本得到满足的前提下，人的最主要的需要有成就需要、亲和需要、权力需要三种平行的需要。成就需要是追求优越感的驱动力，或者是参照某种标准去追求成就感、寻求成功的欲望；亲和需要指寻求与别人建立友善且亲近的人际关系的欲望；权力需要指使别人顺从自己意志的欲望。这三种需要在人们的需要结构中有主次之分，人们的主要需要满足了以后往往会要求更多更大的满足，也就是说拥有权力者更追求权力，拥有亲

---

① 美国社会心理学家，1987年美国心理学会杰出科学贡献奖得主。出生于美国纽约州弗农山庄，因心力衰竭逝于美国马萨诸塞州列克星敦市。

情者更追求亲情,而拥有成就者更追求成就。由于麦克利兰认为在三种需要中成就需要的高低对人的成长和发展起到特别重要的作用,所以称其理论为成就需要理论。

(三) 消费者需要的内容

将上述学者关于人类需要的研究成果应用于消费者的消费实践,我们可以对消费者需要的基本内容做如下分析:

1. 商品基本功能

基本功能指商品的有用性,即商品能满足人们某种需要的物质属性。商品的基本功能或有用性是商品生产和销售的基本条件,也是消费者需要的最基本内容。任何消费都不是抽象的,而是有具体的物质对象,成为消费对象的首要条件就是要具备满足人们特定需要的功能。例如,小汽车能高速灵活驾驶,冰箱可以冷冻、冷藏食品,护肤用品能够保护皮肤,这些都是消费者对商品功能的基本要求。正常情况下,基本功能是消费者对商品诸多需要中的第一需要。如果不具备特定功能,即使商品质量优良、外观诱人、价格低廉,消费者也难以产生购买欲望。

2. 商品质量性能

质量性能是消费者对商品基本功能达到满意或完善程度的要求,通常以一定的技术性能指标来反映。就消费者需要而言,商品质量不是一个绝对的概念,而是具有相对性。构成质量相对性的因素,一是商品的价格,二是商品的有用性,即商品的质量优劣是在一定价格水平下,相对于其实用程度所达到的技术性能标准。与此相适应,消费者对商品质量的需要也是相对的,一方面,消费者要求商品的质量与其价格水平相符,即不同的质量有不同的价格,一定的价格水平必须有与其相称的质量;另一方面,消费者往往根据商品的实用性来确定对质量性能的要求和评价。某些质量中等甚至低档的商品,因已达到消费者的质量要求,也会为消费者所接受。例如,A、B两种品牌的洗衣机,B品牌在容量、耗电量、洗净率、磨损率、振动噪声等技术指标方面均逊于A品牌,但其价格远低于A品牌,且适合人口少的家庭使用,因此对于中低收入、单身或人口少的家庭的消费者来说,B品牌洗衣机的质量是令人满意、可以接受的。消费者对商品质量要求的相对性,对于企业正确确定产品市场定位具有重要意义。

3. 商品安全性能

消费者要求所使用的商品卫生洁净、安全可靠、不危害身体健康。这种需要通常发生在对食品、药品、卫生用品、家用电器、化妆品、洗涤用品等商品的购买和使用中,是人类追求安全的基本需要在消费需要中的体现。具体包括以下几点：

（1）商品要符合卫生标准，无损身体健康。例如，食品应符合国家颁布的《食品卫生法》《商品检验法》等法规和检验标准，在保质期内出售和食用，不含任何不利于人体健康的成分和添加剂。

（2）商品的安全指标要达到规定标准，不含任何不安全因素，使用时不发生危及身体及生命安全的意外事故。这种需要在针对家用电器、厨具、交通工具、儿童玩具、化妆品等生活用品时尤为突出。

（3）商品要具有保健功能，要有益于防病祛病，调节生理机能，增进身体健康。近年来，消费品市场上对健身器材、营养食品、滋补品、保健生活用品的需求强劲，形成新的消费热点。这表明现代消费者对商品安全的需要已不仅局限于卫生、无害，而是进一步上升为有益于促进健康。

4. 商品消费便利

商品消费便利这一需要表现为消费者对购买和使用商品过程中便利程度的要求。在购买过程中，消费者要求以最少的时间、最近的距离、最快的方式购买到所需商品。同类商品，质量、价格几近相同，其中购买便利者往往成为消费者的首选对象。近年来，随着网络技术和电子商务的发展，网上购物以传统购物方式无可比拟的便利、快捷、零距离等优势，正在受到越来越多的消费者青睐。此外，在使用过程中，消费者要求商品使用方法简单、易学好懂、操作容易、携带方便、便于维修。实际中，许多商品虽然具有良好的性能、质量，但由于操作复杂、不易掌握，或不便携带、维修困难，不受消费者的欢迎。

5. 商品审美功能

商品审美功能这一需要表现为消费者对商品在工艺设计、造型、色彩、装潢、整体风格等方面审美价值上的要求。对美好事物的向往和追求是人类的天性，它体现于人类生活的各个方面。在消费活动中，消费者对商品审美功能的要求也是一种持久的、普遍存在的心理需要。在审美需要的驱动下，消费者不仅要求商品具有实用性，而且应具备较高的审美价值；不仅重视商品的内在质量，而且希望商品拥有完美的外观设计，即实现实用性与审美价值的和谐统一。由此，一方面可以使消费者通过商品消费美化环境，为自己创造优雅宜人的生活空间；另一方面，消费者还可以美化自身，塑造富有魅力、令人喜爱的个人形象。当然，由于文化背景、受教育程度、职业、个性等方面的差异，消费者的审美观和审美标准存在诸多差异。

6. 商品情感功能

商品情感功能需要是指消费者要求商品蕴含浓厚的感情色彩，能够外现个人的情绪状态，成为人际交往中感情沟通的媒介，并通过购买和使用商品获得情感的表达、寄托、追求或补偿。情感需要是消费者心理活动的情感过程在消费需要中的体现，也是人类所共有的爱与归属、人际交往等基本需要在消费活动中的具体体现。作为有着丰富情绪体验的个体，消费者在从事消费活动时，会将喜怒哀乐等各种情绪映射到消费对象上，即要求所购商品与自身的情绪体验相吻合、相呼应，以求得情感的平衡。例如，在欢乐愉悦的心境下，消费者往往喜爱明快热烈的商品色彩；在压抑沉痛的情绪状态中，消费者则经常倾向于暗淡冷僻的商品色调。

此外，消费者作为社会成员，有着对亲情、友情、爱情、归属等情感的强烈需要，这种需要主要通过人与人之间的交往、沟通得到满足。许多商品如鲜花、礼品等，能够外现某种情感，因此，成为人际交往的媒介和载体，起到传递和沟通感情、促进情感交流的作用。有些商品如毛绒玩具、宠物等，因具有独特的情感色彩，可以帮助消费者排遣孤独和寂寞，获得感情的慰藉和补偿，也具有满足消费者情感需要的功能。

7. 商品社会象征性

社会象征性是要求商品体现和象征一定的社会意义，使购买、拥有该商品的消费者能够显示出自身的某些社会属性，如身份、地位、财富、声望等，从而获得心理上的满足。在人的基本需要中，多数人都有取得成就、实现个人价值、提升社会地位的需要，有得到社会承认、受人尊敬、提高声望的要求。对商品社会象征性的需要，即是这种高层次的社会性需要在消费活动中的体现。

应当指出的是，社会象征性并不是商品本身所具有的内在属性，而是由社会化的人赋予商品特定的社会意义。某些商品由于制作工艺复杂、数量稀缺、价格昂贵、不易购买等，使消费受到极大限制，只有少数特定身份、地位或收入阶层的消费者才有条件拥有和购买，这些商品由此便成为一定社会身份、地位的象征物。通常有社会象征性需要的消费者，对商品的实用性要求不高，价格敏感度较低，而特别看重商品所具有的社会象征意义，这类需要在高级轿车、豪华住宅、珠宝首饰、名牌服饰、名贵手表等商品的购买中表现得尤为明显。

8. 享受良好服务

在对商品实体有多方面需要的同时，消费者还要求在购买和使用商品过程中享受到良好、完善的服务。良好的服务可以使消费者获得尊重、情感交流、个人价值认定等多方面的心理满足。对服务的需要程度与社会经济发达程度和消费者的消费水平密切相关。在商品经济不发达阶段，由于商品供不应求，消费者首先关注的是商品的性能、质量、价格，以及能否及时买到所需商品，因此，对服务的要求降到次要位置，甚至忽略。

随着市场经济的迅速发展，消费者可以随时随地购买到所需的各种商品，因此，服务在消费者需要中的地位迅速上升，消费者对购买和使用过程中享受良好服务的需要日益强烈。现代消费中，商品与服务已经成为不可分割的整体。消费者所购买的已不仅是商品实体，同时还购买了与商品相关的服务，其中包括各种售前、售中、售后服务。一定意义上，服务质量的优劣已成为消费者选择购买商品的主要依据。

（四）消费者需要的不同形态

在现实中，多种多样、内容丰富的消费者需要并非都处于显现的、既存的统一状态，而是存在各种不同的形态。需要形态的差异直接影响激发动机的强度以及促成购买行为的方式。研究消费者需要的存在形态，对于了解市场需求的构成状况和变动趋势具有重要意义。从消费需要与市场购买行为的关系角度，可以将消费者需要分为以下基本存在形态。

1. 按照消费需要的市场实现程度分类

（1）已实现的需要。已实现的需要指消费者已经在需要和动机的驱使下完成了对某种商品的购买，达到了最初的目标，满足了需要。

（2）现实需要。现实需要指消费者已经具备对某种商品的实际需要，且具有足够的货币支付能力，而市场上也有充足的商品，消费者的需要可以随时转化为现实的购买行动。

（3）潜在需要。潜在需要指目前尚未显现或明确提出，但在未来可能形成的需要。这种需要通常是由于某种消费条件不具备所致，如市场上缺乏能满足需要的商品，消费者的货币支付能力不足，缺乏充分的商品信息，消费意识不明确，需求强度低弱等。当上述条件具备时，潜在需要可以立即转化为现实需要。

2. 按照消费需要的强烈程度分类

（1）充分需要。又称饱和需要，指消费者对某种商品的需求总量及时间与市场商品供应量及时间基本一致，供求之间大体趋向平衡。这是一种理想状态。但是，由于消费需要受多种因素的影响，任一因素变化如新产品问世、消费时尚改变等，都会引起需求的相应变动，因此，供求平衡的状况只能是暂时的、相对的。

（2）过度需要。又称超饱和需要，指消费者的需要超过了市场商品供应量，呈现供不应求的状况。这类需要通常由外部刺激和社会心理因素引起，如多数人的抢购行为，对未来经济形势不乐观的心理预期等。

（3）低迷需要。低迷需要指消费者对某种商品的需要远远不及市场上商品的供应量，处于供过于求的状况。

（4）无需要。又称零需要，指消费者对某类商品缺乏兴趣或漠不关心，不产生任何需求。无需要的商品可能不具备消费者需要的效用，或消费者对商品缺乏了解和认识，没有与自身利益联系起来。

3. 按照消费需要的变动规律分类

（1）周期需要。指某些消费需要在获得满足后，一定时间内不再产生，但随着时间的推移还会重新出现，并且在时间上呈现明显的周期性。

（2）不规则需要。又称不均衡需要或波动性需要，指消费者对某类商品的需要在数量和时间上呈不均衡波动状态，如许多季节性商品、节日礼品以及旅游、交通运输的消费需求，就具有明显的不规则性。这种波动也可能随着社会的发展或者环境的变化而变化。

（3）渐进需要。又称累进需要，指由于某种商品引起了消费者的注意和兴趣，而使消费者对该种商品的需要逐渐增加。

（4）退却需要。退却需要指消费者对某种商品的需要逐步减少，并趋向进一步衰退之中。需要衰退通常是由时尚变化、消费者兴趣转移，或新产品上市对老产品形成替代，或消费者对经济形势、价格变动、投资收益的心理预期等引起的。

4. 按照消费需要的指向内容分类

（1）正当需要。正当需要不仅能使消费者的正当利益得到满足，而且对他人或社会的利益不会造成任何危害。

（2）无益需要。无益需要指消费者对某些危害社会利益或有损自身利益的商品或服务的需要。例如，对香烟、烈酒、毒品等的需要，对消费者个人和社会都是有害无益的。

（3）否定需要。否定需要指消费者对某类商品持否定、拒绝的态度，因此拒绝其需要。之所以如此，可能是商品本身不适合消费者需要，或者因旧的消费观念束缚、错误信息误导所致。

从上述关于消费需要形态的分析中可见，并非任何需要都可以直接激发消费者的购买动机，进而产生购买行为。现实中，有些需要如潜在需要、无需要、否定需要、退却需要等，要求企业给予明确的诱因和强烈的刺激加以诱导、引发，才可能使消费者产生购买行为。因此，当消费者对于一些商品的需要强度不够时，企业应加强营销推广的力度。此外，并不是所有需要都能促使正确、有益的消费行为，如过度需要、无益需要等，就不适合进行诱导和满足,而是要加以抵制。因此,不加区分地倡导满足消费者的一切需要,显然是不适当的。基于以上需要形态的性质差异,作为消费者来说,应该从可能性和必要性两方面考虑满足需要的方式和程度;对企业而言,则要强调正确引导和满足消费者的消费需要。

二、消费者购买动机

(一) 动机的形成

"动机"一词源自拉丁文"movere",即推动的意思。动机①是一种内在的驱动力量。当个体采取某种行动时,总是受到某些迫切需要实现的意愿、希望、要求的驱使,这些内在的意愿、要求具有能动、积极的性质,能够激发和驱动特定行为的发生,由此就构成行为的动机。通常人们在清醒状态下采取的任何行为都是由动机引起和支配的,并通过动机导向预定的目标,因此,人类的行为实质上是一种动机性行为。动机是行为发生的直接原因和驱动力。同样,消费者的消费行为也是一种动机性行为,他们所从事的购买行为直接源于各种购买动机。

动机是一种基于需要而由各种刺激引起的心理冲动,它的形成要具备一定的条件,首先,需要是动机产生的基础。当个体感受到对某种生存或发展条件的需要,并达到足够强度时,才有可能产生采取行动以获取这些条件的动机。动机实际上是需要的具体化。其次,并不是所有的需要都能形成动机,动机的形成还需要相应的刺激条件。当个体受到某种刺激时,其内在需求会被激活,使内心产生某种不安情绪,形成紧张状态。这种不安情绪和紧张状态会演化为一种动力,由此形成动机。最后,需要产生以后,还必须有满足需要的对象和条件,才能形成动机。

在消费者动机的形成过程中,上述条件缺一不可,其中尤以外部刺激最为重要。通常情况下,消费者的需要处于潜伏或抑制状态,通过外部刺激加以激活,才能将需要转化为动机。外部刺激越强烈,需要转化为动机的可能性就越大。因此,如何给消费者以更多的外部刺激,是推动其购买动机形成从而实现购买行为的关键条件。

(二) 消费者动机的基本特性

与需要相比,消费者的动机较为具体直接,有着明确的目的性和指向性,但同时也更

---

① 心理学将动机定义为引发和维持个体行为并导向一定目标的心理动力。

加复杂。具体表现为以下特性：

1. 主导性

在现实生活中，每个消费者都同时具有多种动机，这些复杂多样的动机之间以一定的方式相互联系，构成完整的动机体系。在动机体系中，各种动机所处的地位及所起的作用各不相同。有些动机表现得强烈、持久，处于支配性地位，属于主导性动机；有些动机表现得微弱而不稳定，处于依从性地位，属于非主导性动机。

一般情况下，人们的行为是由主导性动机决定的，尤其当多种动机之间发生矛盾冲突时，主导性动机往往对行为起支配作用。例如，吃要营养、穿要漂亮、用要高档，是多数消费者共有的购买动机，但受经济条件所限，上述购买动机无法同时实现时，有的消费者宁可省吃俭用也要满足穿得漂亮，有的消费者宁可压缩其他开支也要购买食品和营养保健品，有的消费者则把主要支出用于购买书籍和子女教育，这些都是由消费者的主导性动机不同导致的差异。

2. 可转移性

可转移性是指消费者在购买过程中，由于新的消费刺激出现而发生动机转移，原来的非主导性动机由潜在状态上升为主导性动机的特性。现实中，许多消费者改变预定计划，转而购买其他商品或品牌的现象就是动机发生转移的结果。例如，某消费者本欲购买羽绒服，但在购买现场得知皮衣降价销售，降价刺激诱发了潜在的求奢动机，遂转而决定购买皮衣。有时，动机的改变可能是由于原有动机在实现过程中受到阻碍。例如，因餐馆卫生状况不佳，消费者品尝美食的动机受到抑制，维护健康安全的非主导性动机转而占据主导地位，导致就餐行为终止。

3. 组合性

当动机实现为行为时，有的动机直接促成一种消费行为，如在饥饿状态下，觅食动机会直接导致寻找和摄取食物的行为，而有些动机则可能促成多种消费行为的实现，如展示个性、显示自身价值等较复杂的动机会推动消费者购买新潮服装和名牌化妆品、购置高档家具、收藏艺术品等多种行为。某些情况下，还有可能由多种动机支配和促成一种消费行为，如城市居民购置房产，就可能出于改善住房条件、投资增值、遗赠子女、攀比炫耀等多种动机。由此可见，动机与消费行为之间并不完全是对应的关系。同样的动机可能产生不同的行为，而同样的行为也可以由不同的动机引起。

4. 冲突性

当消费者同时具有两种以上的动机且共同发生作用时，动机之间就会发生矛盾和冲突。这种矛盾和冲突可能是动机之间的指向相悖或相互抵触造成的，也可能是各种消费条件的限制所致。人们的欲望是无止境的，而拥有的时间、金钱和精力却是有限的，当多重动机不可能同时实现时，动机之间的冲突就不可避免，而冲突的本质是消费者在各种动机实现所带来的利害结果中进行权衡比较和选择。在消费活动中，常见的动机冲突有利—利冲突、利—害冲突、害—害冲突等。

（三）消费者购买动机的不同形态

消费者的购买动机多种多样、具体明确，与购买行为的联系也较为直接，因此，深入了解消费者形形色色的购买动机，对于企业的营销实践具有现实的意义。通常可将消费者的购买动机做如下划分：

1. 追求实用

追求实用是以追求商品的使用价值为主要目的的购买动机。追求实用动机的消费者在购买商品时，一方面注重商品的功用和质量，要求商品具有明确的实用价值，讲求经济实惠、经久耐用；另一方面重视购买的商品能否带来更多的实际利益，如便利性、省时、省力等。持此类动机的消费者不会过多强调商品的品牌、包装或者新颖程度等，但如果商品的实用价值不明确，则不会购买。这种动机并不一定与消费者的收入水平有必然联系，而主要取决于个人的价值观念和消费态度。

2. 追求安全、健康

现代消费者越来越注重自身的安全与健康，并且把保障安全和增进健康作为消费的重要内容。有这种动机的消费者通常把商品的安全性能和是否有益健康作为购买的首要标准。就安全性能而言，消费者不仅要求商品在使用过程中各种性能安全可靠，如装修材料不含有毒物质，汽车的安全性能有绝对保障等，而且刻意选购各种安全防护性用品和服务，如人寿保险、私人保镖等。与此同时，追求健康的动机日益成为消费者的主导性动机。在这一动机的驱动下，选购医药品、保健品、健身用品已经成为现代消费者经常性的购买行为。

3. 追求便利

追求便利是指消费者追求商品购买的便利性和使用时的方便快捷的购买动机。这类消费者对时间、效率尤为重视，看重购买选择的便利性和商品使用的方便性。受这一动机驱使，消费者趋向于购买可以减少家务劳动或减轻强度的商品或服务，如洗衣机、微波炉、家庭服务等。同时，越来越多的消费者采用电话订货、电视购物、网上购买等现代购物方式。随着生活节奏的加快,现代消费者追求便利的动机日趋强烈。

4. 追求廉价

追求廉价是指消费者注重商品价格低廉,希望以较少支出获得较多利益的购买动机。出于这种动机的消费者,选购商品时会花更多的精力了解和比较产品的价格差异,对价格变化格外敏感,喜欢选择价格低廉的产品,经常购买优惠品、折价品等。求廉的动机固然与收入水平较低有关,但对于大多数消费者来说,以较少支出获取较大收益是一种带有普遍性的购买动机。

5. 追求美感

追求美感是指消费者以追求商品的欣赏价值和艺术价值为主要倾向的购买动机。具有求美动机的消费者在挑选商品时,重视商品的美学价值,如外观造型、色彩等,同时,也希望通过商品能为消费者创造出美感,如美化形象的高档化妆品、装饰家庭的工艺品等。求美动机在受教育程度较高的群体及从事文化、教育等工作的人群中比较常见,在现代消费者购买选择中也占有主导性地位。

6. 追求新奇

追求新奇是指消费者以追求商品的新颖、奇特、趋时为主要目的的购买动机。具有这种动机的消费者特别重视商品的款式新颖独特、时尚新潮,喜欢与众不同、别出心裁的商品,而对商品的实用程度和价格高低不是很在意。这类消费者在求新动机的驱动下,经常选购新奇、时尚的产品来体现自己的与众不同,是新产品的最早尝试者。

7. 自我显示

自我显示是指消费者以显示身份、地位、名望与财富为主要特征的购买动机。具有这种动机的消费者在选购商品时,不太注重商品的使用价值,而是特别重视商品所代表的社会象征意义,喜欢购买名贵商品、稀有商品乃至极品;青睐特殊的消费方式,如入住豪华宾馆套房,选择奢华昂贵的休闲方式等。通过消费显示财富和身份地位,达到宣扬自我、炫耀自我的目的,是这类消费者的主导性动机。

8. 追求名望

追求名望是指消费者以追求产品品牌声誉或企业名望而产生的购买动机。具有求名动机的消费者试图以商品的名望来显示或提高自己的身份地位,在购买前可能已经将名牌商品确定为购买目标,其原因在于名牌商品不仅质量精良,声誉卓著,而且可以有效提升消费者的自我形象。这种求名的动机不仅能够满足消费者追求名望的心理需要,还能够降低购买风险,加快商品选择过程,因此,在品牌差异较大的家电、服装、化妆品等商品购买中，成为带有普遍性的主导性动机。

9. 满足嗜好

满足嗜好是指消费者以满足个人偏好为目的的购买动机。许多消费者拥有专长、兴趣和个人嗜好，因此特别偏爱某一类商品，如集邮、摄影、音响、古玩字画等，这些嗜好往往与消费者的职业特点、专业知识、生活情趣有关，因此，其购买动机非常明确，购买指向也比较稳定和集中，具有持续性和重复性的特点。

10. 攀比性动机

攀比性动机是一种因好胜心引起的、与他人攀比而形成的购买动机。这类消费者购买某种商品往往不是出于实际需要，而是为了与他人攀比，赶上、超过他人，以求得心理上的平衡和满足。这种购买动机具有偶然性和浓厚的情绪化色彩，购买行为带有一定的冲动性和盲目性。在生活水平迅速提高、贫富差距拉大的社会转型时期，攀比性动机表现得较为普遍和强烈。

11. 惠顾性动机

惠顾性动机也称习惯性动机，是指消费者对特定品牌或商店产生信任偏好，从而重复购买同一品牌的商品，或习惯性地光顾某一商店。持有惠顾性购买动机的消费者是企业的忠实顾客，他们不仅为企业带来稳定的销售收入，还向其他消费者进行积极的口碑传播，从而成为企业最重要的客户资源。

除上述主要动机外，消费者还有自卫性、储备性、纪念性、补偿性、馈赠性等购买动机，这些动机大都有明确的指向性和目的性，也是消费活动中较常见的购买动机。

（四）购买动机的测量与分析方法

消费者的购买动机是产生购买行为的直接原因，因此，可以通过测量消费者的购买动机了解其购买行为。然而动机本身具有内隐性，难以从外部直接观察，为此需要研究购买动机的测量方法。

消费者的购买动机可以用两个指标来衡量，即动机的方向和动机的强度。动机的方向是指消费者会选择哪种行为方式以及选择这种行为方式的理由，影响动机方向的主要因素是购买行为所期望达到的消费目标。动机的方向可以分为两个层次：第一层次是指影响某类产品购买决策的动机，称为初级动机，如是否要买轿车；第二层次称为次级动机，主要涉及购买的产品形式、购买品牌与购买地点等进一步的决策。例如，是购买经济型轿车还是豪华型轿车？是买国产车还是进口车？是在4S店还是汽车交易中心购买？等等。动机的强度是指个体满足某一特定需要的意愿强度。从消费者决策过程来看，动机的强度与消费需要的重要性和不满足程度正相关。个人的需要越重要、不满足程度越高，其动机就越强。例如，消费者是否有买车的需要？拥有私家车对于他来说有多重要？他对于没有车的现状的不满足程度如何？这些都决定了消费者买车的动机强度。

心理学家常用生理指标衡量动机的强度，如心跳、血压等指标。具体测量消费者的购买动机，即为什么购买的问题，则涉及临床心理学、精神分析学、社会心理学等相关理论和技术。

实践中，营销人员经常采用相对简单易用的心理分析方法来了解消费者的购买动机，常用的方法有如下几种：

1. 直接询问法

企业的营销人员可以通过调查问卷或者访谈的方式来了解消费者选择、购买以及使用某种商品的原因，进而了解消费者的购买动机。例如，营销人员可以针对消费者对洗发水产品的选择设计问题："为什么选择这种品牌的洗发水呢？"消费者的回答可能是"这种产品比较便宜，适合全家人使用""这种产品可以去头屑""看了名人做的广告，觉得质量应该信得过吧"等。在得到消费者的回答后，营销人员经过分析便会发现消费者购买这种洗发水的动机是"经济实惠""去头屑""广告引导"。

2. 联想分析法

在使用直接询问法了解购买动机的过程中，消费者可能基于某种原因不愿直接向调查人员说明。例如，张先生声称自己购买 iPad 是为了方便查询业务信息，但内心的真实想法可能是想追随时尚潮流或者跟同事攀比。对于那些隐藏在消费者内心深处的真实动机，往往很难通过直接询问发现，这就需要调查人员运用联想分析法加以间接测量。联想分析法是由著名心理学家弗洛伊德发明的用以进行精神分析的方法，近年来一些营销学者用来研究消费者的购买动机，其中主要采用投射法。

投射法是指根据无意识的投射作用探询个体动机的方法，它能够超越表面的防御来探寻潜在的动机。在投射测量中，实验者要求被试者帮助别人在一种特定的情况下做出决策，被试者一般不知道测试的真实目的，也不知道对自己的反应会做何种心理学解释。通常人们不愿意承认自己的真实想法，却愿意分析他人的心理活动，而在推断他人的动机和态度时，往往会把自己内心一些隐蔽的想法、欲望表现出来，这样就减少了被试者伪装自己的可能性。常见的投射方法有以下几种：

（1）角色扮演法

即被试者不直接说出自己对某种商品的动机，而是通过他对别人对这种商品的动机和态度的描述，间接表露出被试者本人真实的动机和态度。

（2）TAT法

TAT（thematic apperception test）意为主题统觉测验，又称绘图解释法[①]。TAT法可以用于了解被试者的心理需要与矛盾及内心情感。全套测验包括30张内容模糊的黑白图片及一张空白卡片。实际测验时，测验人员按被试者的年龄、性别从30张黑白图片中选取20张图片，让被试者根据图片自由陈述图片所代表的故事。测验中不对被试者所编故事的内容进行任何限制，但可事先提示被试者故事必须涉及图示情境、意义、背景、演变及其个人感想等方面。对被试者所编故事进行的分析是以被试者在每个故事中涉及的主题为核心的，这在默里的人格理论中被假定为反映个体深层需要、欲望、矛盾、恐惧等。该测验的目的在于通过被试者的自由陈述将其内心的情绪自然投射于故事，从而找出个人生活经验、意识、潜意识与其当前心理状态的关系。TAT的施测与分析对测验者有较高的要求，一般需要经过严格培训才可进行。

（3）词联想法

这种方法是给被试者出示一系列意义无关的词，让被试者看到词后说出最先联想到的词汇。通过记录被试者的反应与时间并进行分析，可以了解被试者对刺激词的印象、态度和需求。词联想法包括以下几种：

自由联想法：被试者自然、任意地说出联想到的词。例如，看到"鸭梨"一词，被试者首先想到"苹果"一词，则让被试者说出或记下苹果这个词。

控制联想法：测试人加以控制的联想方法，被试者说出按某种要求所联想到的词。例如，看到"洗发水"一词，让被试者说出所联想到的品牌名称。

连续联想法：当被试者说出第一个联想词后，测试人要求被试者连续说出第二、第三个联想词。

（4）造句测验法

也称文章完成法，这种方法是通过给被试者一些不够完整的句子，让被试者迅速造出完整的句子来了解被试者的想法。例如，给出"假如你需要一台冰箱，可以买……""如果推荐一个手机的品牌，你会选择……"等。这种方法便于了解想要调查的商品及品牌的

[①] 由美国哈佛大学的摩根和默里于1935年提出。

购买动机。

(5) 示意图法

示意图法是指向被试者出示一张图画，让被试者写出图中所画任务问题的答案，从而了解被试者的想法。这种方法是让被试者对具备特定条件的人（如购买笔记本电脑的人）的职业、年龄、个性、行动等加以想象和说明，从中了解被试者对商品的印象。例如，甲消费者购买了一台低配置、低价位的笔记本电脑，若调查甲消费者的朋友乙对笔记本电脑的看法，就让乙对甲的购买行为进行评论。乙可能会说，甲收入不高，这样配置的电脑够用了，但是对于甲来说，如果用电脑玩游戏就不够用了，不如再攒钱买个好一点儿的。从乙的评论中，可以了解到乙对笔记本电脑的印象和需求意向：①低配置的电脑可以接受；②高配置的电脑玩游戏比较好用；③不能因一时手头紧而凑合。

采用以上方法了解到的购买动机通常只是消费者的动机方向。在营销实践中，营销人员还可以运用一些测量方法来测量消费者的动机强度。例如，可以使用语义区别的方法测定被试者对商品、品牌的购买动机的强度。具体方法是采用5级或7级等距离的序数量表，在表上列出几组正反意义的形容词，让被试者反复进行概念判断，从中了解消费者对某商品购买欲望的强烈程度，进而判断该商品市场潜力的大小。

分析消费者购买动机的目的是为企业制定营销策略提供依据。营销人员应该认真分析消费者的动机，并找出企业提供的产品或服务与消费者动机之间的差距，从而运用营销策略和手段有效地引导消费者的购买动机，推动其购买行为的实现。

第三节 消费者购买决策与购买行为

一、消费者的购买决策

消费者的购买决策[①]是指作为决策主体的消费者，为了满足自己的特定需要，在购买过程中所进行的评价、判断、选择等一系列的活动。

由于消费者的购买决策决定了其购买行为发生或不发生，而且决策的内容也规定了购买行为的方式、时间、地点，再者决策的质量还决定了购买行为的效用大小。所以，购买

---

① 决策是指为了达到某一预定目标，在若干个备选方案中选择满意方案的过程。

决策在消费者购买行为活动中占有极为重要的地位。正确的决策会促使消费者以较少的费用、精力，在较短时间内买到质价相符、称心如意的商品，最大限度地满足自身的消费需要；反之，质量不高或错误的决策，不但会造成时间、金钱上的损失，还会给消费者带来心理挫折，对以后的购买行为产生不利的影响。决策在购买行为中居于核心地位，起着支配和决定其他要素的关键作用。

（一）消费者购买决策的内容

消费者购买决策的内容因消费者个体、条件及所处环境的不同而各不相同。但所有的消费者购买决策都离不开下述方面的内容。

购买动机：消费者的购买动机是多种多样的。同样购买一套房子，有人为了自己居住，有人为了不动产投资，有人则为了显示富有，还有人是因为让小孩就读片区内的重点小学。

购买目标：这是决策的核心和首要问题。决策购买目标不只是停留在一般类型上，而是要确定具体的对象及具体的内容，包括商品的品牌、性能、质量、款式、规格和价格等。

购买数量：购买数量一般取决于实际需要、支付能力及市场的供应情况。如果市场供应充裕，消费者则不急于买，买的数量也不会太多；如果市场供应紧张，即使目前不是急需或支付能力不足，也会负债购买。

购买地点：购买地点是由多种因素决定的，如购物场所的环境品位、商家信誉、交通便利程度、可挑选的品种数量、价格水平及服务态度等。这类决策既与消费者的惠顾动机有关，也与求名、求速、求廉动机有关。

购买时间：这也是购买决策的重要内容，它与主导购买动机的迫切性有关。在消费者的多种动机中，往往由需求强度高的主导性动机来决定购买时间的先后缓急；同时，购买时间也与市场供应状况、购物场所营业时间、节假日及消费风俗有直接关系。

购买方式：是去商场购买还是函购、邮购；是付现金、开支票还是分期付款等。随着超市、便利店、仓储式销售、大型综合购物中心及电话订购、电视购物、直销、网络购物等新型销售方式的不断涌现，现代消费者的购买方式也在趋于多样化。

（二）购买决策的程序制定

消费者的购买决策是在特定心理机制驱动下，按照一定程序发生的心理与行为活动过程。消费者购买决策的规律即蕴含于这一程序之中。

1. 认知需求

消费者对某类商品的购买需求源于自身的生理或心理需要。当某种需要未得到满足时，满意状态与实际缺乏状态之间的差异会构成一种刺激，促使消费者发现需求所在，认知需求的内容，进而产生寻求满足需求的方法、途径的动机。引起消费者认知需求的刺激可以来自个体自身未满足的需要，如饥饿、寒冷，也可以来自外部环境，如流行时尚、他人购买等。经内外刺激引起的消费者对自身需求的认知，起着为决策限定范围、明确指向的作用，因此是有效决策的前提。

2. 收集信息

在认知需求的基础上，消费者受满足需要动机的驱使，开始寻找各种解决问题的方案。为使解决方案具有充分性与可靠性，消费者必须广泛收集有关信息，包括能够满足需要的商品种类、规格、型号、价格、质量、维修服务、有无替代品、何处何时购买等。上述信息可以通过各种渠道获得，如报纸、广播、电视、杂志等传统媒体和网络等新兴媒体；亲友、熟人等口碑传播的信息；来自个人经验或记忆中存储的信息；从他人或群体行为方式中获得的启示；等等。消费者收集信息的快慢取决于其需要商品的迫切程度、对商品的了解程度、信息获取的难易程度等。

3. 比较选择

在广泛收集信息的基础上对所获信息进行适当筛选、整理加工，即可制订解决问题的多种方案，但各种方案的利弊不一，需要加以比较选择。选择的标准因消费观念的不同而异。例如，有人以价格低廉作为基本要求，有人以符合时尚作为选择标准；有人要求外观新颖，有人则希望结实耐用；有人追求个性化，求新求异，有人则宁可从众，与所属群体保持一致。面对各种备选方案，消费者可能做出完全不同的选择。比较选择是择优决定方案的基础。

4. 择优决定

在对各种方案进行充分比较后，便可从中选出最优决策方案。最优方案是能够最大限度地满足消费者需要的方案。确立最优方案是消费者购买决策中的关键环节，直接决定决策正确与否、质量高低。为保证科学有效地决策，需要消费者具备较强的分析判断能力和较高的决策水平。

5. 购后评价

消费者使用所购商品后，会根据自己的感受进行评价，来验证购买决策正确与否。有两种情况：假如所购商品完全符合其意愿，甚至比预期的还要好，消费者不仅会重复购买，还会积极向他人推荐；假如所购商品不符合其意愿，或效用很差，消费者不仅拒绝再次购买，还会发泄其不满情绪，竭力阻止他人购买。可见，购后评价常常作为一种经验，反馈到购买活动的初始阶段，对消费者以后的态度和购买行为产生影响，还会通过口碑传播扩散至其他消费者，影响他们的态度和行为。

在现实中，由于商品的特点、用途及购买方式不同，制定购买决策的难易程度与程序也有所不同，并非所有的购买决策都必须经过以上全部程序。一般来说，在日常生活用品如牙膏、洗衣粉等购买中，消费者对所购商品的品牌、价格、档次比较熟悉，具有较丰富的购买经验，无须花费大量时间收集信息和比较选择，仅根据以往经验或习惯做出购买决策，购后也无须进行评价。这类决策通常较为简单迅速，只经过第一、第四两道程序即可。

对于服装、鞋帽、家具等种类款式繁多、选择性较强的商品，消费者具有一定的购买经验，无须大量收集信息、反复比较选择，但受时尚流行、个人偏好等因素影响，消费者通常在式样、花色、质量、价格等方面进行比较选择，且会进行购后评价。这类以选择性购买为特征的决策相对复杂，仅可省略第二道程序。

高档耐用消费品如家用电器、汽车、住房等，由于商品价格昂贵，使用年限较长，规格、质量复杂且差异较大，而消费者大多缺乏专门知识，因此，对这类商品的购买一般持审慎态度。在购买前，消费者会通过各种途径广泛收集有关信息，对各种备选方案反复进行比较选择；在购买中要求当场试用体验，并详细询问使用、退换、售后服务等事宜；购买后还要进行评价。因此，这类决策较之其他决策复杂得多，通常依次经过五道程序才可完成。

总之，在制定购买决策时除正确掌握基本程序外，还应视所购商品区别对待，以保证决策的准确高效。

（三）消费者购买决策的原则

消费者在决策过程中，总是依据一定的标准、尺度，对各种方案进行比较选择，从中确定最满意的方案。而选择标准及尺度方案的拟订又是以一定原则为基础的，决策原则始终贯穿决策过程，指导着消费者的决策活动。实践中，消费者可依据几种不同的原则制定相应的购买决策，具体如下：

1. 最大满意（最优）原则

就一般意义而言，消费者总是力求通过决策方案的选择、实施来取得最大效用，使某方面需要得到最大限度的满足,按照这一指导思想进行决策,即为最大满意(最优)原则。遵照最大满意原则,消费者将付出一定代价追求决策方案和效果的尽善尽美,直至达到目标。

但实际上最大满意(最优)原则的贯彻却带有许多苛刻的附加条件,如需要详尽、全面地占有信息;对各种备选方案进行准确无误的评价、比较;能够精确预测各种方案的实施后果;等等。而消费者受主观条件和客观环境的限制,几乎不可能具备上述全部条件。此外,是否达到最大满意(最优),完全依赖于消费者的主观感受和评价。但是受心理因素和环境变化的影响,消费者的主观感受不是一成不变的,购买前视为最佳的方案,购买后可能评价降低,甚至产生相反的感受。因此,所谓最大满意(最优)原则,只是一种理想化的原则。

2. 相对满意原则

相对满意原则认为,现代社会中消费者面对多种多样的商品和瞬息万变的市场信息,不可能花费大量的时间、金钱和精力去收集制定最佳决策所需的全部信息,即使有可能,与所付出的代价相比也绝无必要。况且人的欲望是无止境的,永远不可能达到绝对的、最大限度的满足。

因此,在制定购买决策时,消费者只需要做出相对合理的选择,达到相对满意即可。这里,贯彻相对满意原则的关键是根据所得与所失的比较,合理调整选择标准,使之保持在适度、可行的范围内,以便以较小的代价取得较大的效用。

3. 遗憾最小原则

若以最大或相对满意作为正向决策原则,遗憾最小原则属于逆向决策原则。由于任何决策方案的后果都不可能达到绝对满意,都存在不同程度的遗憾,因此,有人主张以可能产生最小遗憾作为决策的基本原则。运用此项原则进行决策时,消费者通常要估计各种决策方案可能产生的不良后果,比较其严重程度,从中选择情形最轻微的作为最终方案。遗憾最小原则的作用在于减少风险损失,缓解消费者因不满意而造成的心理失衡。

4. 预期—满意原则

有些消费者在进行购买决策之前,已经形成对商品价格、质量、款式等方面的心理预期。为此,在对备选方案进行比较选择时,既不挑选最佳方案,也不选择可能产生遗憾最小的方案,而是与个人的心理预期进行比较,从中选择与预期标准吻合度最高的方案作为最终决策方案。这一方案相对于预先期望,能够达到的消费者满意程度最大。运用预期—满意原则,可大大缩小消费者的选择范围,有助于迅速、准确地发现拟选方案,加快决策进程，同时可避免由于方案过多而举棋不定。

二、消费者购买行为分析

（一）消费者购买行为的界定

行为是指有机体在外界环境的影响和刺激下，所引起的内在生理和心理变化的外在反映。它是个体与环境交互作用的结果。人类个体的行为受到人的内部特征和外部环境两方面的影响，因而十分复杂。每个人都是一个独特的世界，相同的环境下可能表现出不同的行为。同时，人的行为也受环境的影响，不同的环境会表现出不同的行为。

如果人的行为发生在消费者的购买活动中，就自然产生了消费者的购买行为。所谓消费者购买行为，就是指消费者为满足某种需要而在购买动机的驱使下，以货币换取商品的行动。每个人为了维持其生存，都必须不断地消费他们所需要的各种物品，以满足其生理和心理需要。所以，消费者购买行为是人类社会活动中最具普遍性的一种行为方式。它广泛存在于社会生活的各个时空中，成为人类行为系统中不可分割的重要组成部分。

从广义的角度来看，消费者的购买行为是指消费者个人或其家庭为满足需要而进行的一切活动，包括寻找、购买、评价商品和劳务等一系列过程。购买行为的形成既涉及消费者自身的原因，又关系到商品及社会环境的因素，交织着复杂的理性和感性因素。

（二）消费者购买行为的特征

由于影响因素很多，且消费者购买行为本身又常常是复杂多变的，故只能以抽象的方式来分析其一般特征，具体包括如下几个方面：

第一，消费者购买行为是消费者心理的外在表现，消费者的心理现象是消费者行为的内在制约因素和动力。消费者的心理活动过程和个性心理特征是消费者心理现象的两个方面，它们制约着消费者的一切经济活动，并通过消费者的购买行为具体地表现出来。所以我们在认识购买行为时，必须将消费者的购买活动与其心理过程和个性心理特征紧密结合起来。

第二，个人的消费行为受到社会群体消费的制约与影响。人类个体不仅是自然人、"经济人"，而且必然是社会人，归属于某一社会群体，是该群体的一个成员，如归属于某一家庭、归属于某一社会阶层、归属于某一民族或种族等。作为某种社会群体成员的消费者，其消费行为必然受到所处自然环境和社会环境的影响。

第三，消费行为具有明确的目的性。消费的目的是满足消费者的需要，消费行为的直接目的是实现消费者的消费动机，所以消费行为的目的是非常明确的。例如，人们到商店购买食品的目的一般不外乎以下几个原因：一是充饥或补充营养；二是对一种口味的好奇或追求；三是证实他人的说法或广告宣传的内容；等等。

第四，消费行为具有很强的自主性。消费行为的自主性是消费行为区别于其他行为的重要标志之一。任何消费行为的进行都是在人们自主地支付了货币之后才能实现的，虽然现代商业的发展使消费者支付货币的时间具有更大的灵活性，即消费者可以在购买之前或购买之后的一定时间内支付，但支出相应的货币才能获取商品的所有权与使用权，这一基本前提并没有发生本质的变化。这一基本条件的限定决定了消费行为必然要以自觉自愿地支付货币并取得商品的所有权为特征，也就是说，消费者的消费行为是自主地进行的。

第五，消费行为具有很强的关联性。当消费者满足一种消费需要和实现一种消费动机的时候，他可能会为了得到更加满意的消费效果，而对另一些相关的商品产生消费需要和消费动机，此乃关联性的表现形式之一；另一种表现形式是，当消费者满足一种消费需要和实现一种消费动机的时候，还可能会产生新的消费需要，并因此而激发新的消费动机。

第六，消费行为具有发展变化性。从消费者的角度来说，消费者本人的生理、心理的变化，如年龄的增加、消费习惯的改变、某一时间内的情绪与情感的变化、个人生活中的重大改变等，都会对消费行为带来影响。

从消费者所处的社会环境的角度来看，社会的风俗习惯会因时间的推移而改变，原来的面貌、消费时尚、潮流等也会不断更新，消费者所处环境的物质文明和精神文明的状态都会不断提高，所有这些都有可能改变消费者的行为。消费者的购买行为会随着消费者本身及社会环境的变化而不断发展变化。

(三) 消费者购买行为的过程

消费者购买行为的过程不仅是一个用货币交换商品或服务的简单行为过程，而且还是一个既包括购买中的心理活动，又包括购买行为的复杂行为过程。这个过程在具体购买行动之前就已经开始，并且还包括购买后的行为。

1. 心理过程

消费者的购买行为过程中伴随着一系列心理活动，而这些心理活动又直接决定或影响着他们的购买行为。因此，了解消费者购买行为过程中的心理状态变化是十分必要的。消费者购买行为的心理过程通常包括以下三种：

（1）认识过程

消费者对商品的认识过程，主要是通过人的感觉、知觉、记忆、联想等心理机能活动来实现的。经过认识过程，可以确定消费者的行为导向，因此它是消费者购买活动的先导，也是其他心理活动的基础。消费者的认识过程是从感性到理性、感觉到思维的过程，具体表现为两个阶段。

感性认识阶段：主要是通过感觉、知觉得到商品的直观形象方面的认识，并通过记忆进行经验的积累，其实质是对商品信息的接收和储存。

理性认识阶段：消费者通过思维、联想、判断来获得对商品更为全面、本质的认识，其实质是对商品信息进行再加工、再储存。

（2）情绪过程

情绪过程是消费者心理活动中一种特殊的反应形式，即对客观现实是否符合自己的需要而产生的态度和体验。消费者对商品有了一定的认识，不一定必然采取购买行动，它还会受到情绪过程的影响。消费者对商品的情绪过程可分为以下四个阶段。

喜欢阶段：消费者在认识的基础上形成的对商品的初步印象，表现为满意或不满意、喜欢或不喜欢的态度。

激情阶段：消费者由于对商品的喜欢而引起暂时的、强烈的购买欲望和购买热情，但并没有决定购买。

评估阶段：消费者在购买欲望的推动下，对商品进行经济的、社会的、道德的、审美的评价，使自己的感情与理智趋于统一。

选定阶段：消费者经过对商品的价值评估，产生了对某种商品的信任和偏好，并对它采取行动，形成购买行为。

（3）意志过程

意志对消费者购买行为过程起着发动、调节或制止的作用。意志过程是指消费者自觉地确定购买目标，并支配其购买行为达到既定目标的心理过程。消费者意志的心理过程可以分为如下两个阶段。

做出购买决定阶段：具体为权衡购买动机，确定购买目的，选择购买方式和制订购买计划。

实施购买决定阶段：采取实际行动把意志作用外化，即根据既定的购买目标采取行动，把主体意识转化为购买的实际行动。

伴随着消费者购买行为过程的消费心理过程，通常既是认识的过程，又是情绪的过程,还是意志的过程,是认识、情绪、意志三个过程的统一。

2. 程序过程

消费者购买行为的心理过程,是购买者在头脑中进行的内隐活动;而消费者的购买活动,是购买者的外显行为。它们之间彼此交织,统一在整个购买行为过程中。消费者购买活动的过程(程序),是消费者从产生需要到满足其需要的过程。一般分为识别需要、收集信息、选择判断、购买决定、购后评价五个阶段。

(1) 识别需要

识别需要是消费者购买行为程序的起点。当消费者在现实生活中感觉到或意识到现实与自己的期望之间有一定差距,并产生了要解决这一问题的需要时,消费需要就很明显地存在或产生了。此时某种刺激会促使消费者产生对商品或服务的欲望或购买动机。这种刺激,既可以是人体内机能的感受所引发的,如因饥饿而引发购买食品、因口渴而引发购买饮料等;又可以是由外部条件刺激所诱生的,如看见电视中的西服广告而打算买一套,路过水果店看到新鲜的水果而决定购买等。当然,有时候消费者的某种需要、欲望和动机可能是内外因素同时作用的结果。

(2) 收集信息

当消费者产生了购买动机之后,便会开始进行与购买动机相关联的活动。如果消费者所欲购买的物品就在附近,他便会实施购买活动,从而满足需求。但是当所需购买的物品不易购到,或者说需要不能马上得到满足时,他便会把这种需要存入记忆中,并注意收集与需要相关和密切联系的信息,以便进行决策。

消费者信息的来源主要有四个方面:一是个人来源,从家庭、亲友、邻居、同事等个人交往中获得信息;二是商业来源,这是消费者获取信息的主要来源,其中包括广告、推销人员的介绍、商品包装、产品说明书等提供的信息,这一信息源是企业可以控制的;三是公共来源,消费者从电视、广播、报纸杂志等大众传播媒体所获得的信息;四是经验来源,消费者从自己亲自接触及使用商品的过程中得到的信息。

上述四种信息来源中,商业信息最为重要。从消费者角度看,商业信息不仅具有通知的作用,而且还具有针对性、可靠性,而个人和经验来源只能起验证作用。而对企业来说更为有意义的是,商业信息是可以控制的,消费者可以通过商业信息的渠道了解本企业的产品,进而购买本企业的产品。

(3) 选择判断

当消费者从不同的渠道获取相关信息后,便会对可供选择的品牌进行分析和比较,并对各种品牌的产品做出评价，最后决定购买。

消费者对各种产品的评价主要从以下几个方面进行：

第一，分析产品属性。产品属性即产品能够满足消费者需要的特性。消费者一般将某种产品看成是一系列属性的集合，如照相机的属性一般有照片清晰度、快门速度、体积大小、价格；手表的属性有准确性、式样、耐用性等。但消费者不一定对产品的所有属性都视为同等重要，不同的消费者有其特别感兴趣的产品属性。市场营销人员应分析本企业产品应具备哪些属性，以及不同类型的消费者分别对哪些属性感兴趣，为不同需求的消费者提供具有不同属性的产品，既满足顾客的需求，又最大限度地减少因生产不必要的属性所造成的资金、劳动力和时间的浪费。

第二，建立属性等级。即消费者对产品有关属性所赋予的不同的重要性权数。消费者被问及商品属性时，可能会遗忘一些不具强势特色的属性。因此市场营销人员应更多地关心属性权重，而不是属性特色。

第三，确定品牌信念。消费者会根据各个品牌的属性及各个属性的参数，建立起对各个品牌的不同信念，比如，确认哪种品牌在哪一属性上占优势，哪一属性上处于劣势。

第四，形成"理想产品"。消费者的需求只有通过购买才能得以满足，而他们所期望从产品中得到的满足，是随产品每一种属性的不同而变化的。这种满足程度与产品属性的关系，可以用效用函数来描述。

第五，做出最后评价。消费者从众多可供选择的品牌中，通过一定的评价方法对各种品牌进行评价，从而形成对它们的态度和对某种品牌的偏好。在这一评价过程中，大多数的消费者总是将实际产品与自己的理想产品进行比较，以便做出最终的购买决定。

（4）购买决定

消费者通过选择判断，会形成对某些品牌商品的偏好或购买意图，但偏好或购买意图并不总是促使实际购买，尽管两者对购买行为有直接影响。

因此，只让消费者对某一品牌产生好感或购买意向是不够的，真正将购买意向转为购买行动，其间还会受到以下两个方面的影响。

一是他人的态度。消费者的购买意图会因他人的态度而增强或减弱。他人态度对消费意图影响力的强度，取决于他人态度的强弱及他人与消费者的关系。一般来说，他人的态度越强，与消费者的关系越密切，其影响就越大。

二是意外的情况。消费者购买意向的形成，总是与预期收入、预期价格和期望从产品中得到的好处等因素密切相关的。但是当他欲采取购买行动时，发生了一些意外的情况，诸如因失业而收入减少，因产品涨价而无力购买，或者有其他更需要购买的东西等，这一切都将会使消费者改变或放弃原有的购买意图。

（5）购后评价

商品被购买之后，就进入了购买后阶段，此时市场营销人员的工作并没有结束。

消费者购买商品后，通过自己的使用和他人的评价，会对自己购买的商品产生某种程度的满意或不满意。

第四章 群体消费者的消费心理与行为

第一节 消费者群体的形成及类型

消费者群体是由具有某种共同特征的若干消费者组成的。根据多种特征对消费者进行区分,就形成了多个不同的消费者群体。研究各个消费者群体的心理与购买行为,有利于企业找准自己的目标市场,从而制定出正确而有效的市场营销策略。

一、消费者群体的含义及形成原因

(一) 消费者群体的含义

群体或社会群体是指两人或两人以上通过一定的社会关系结合起来,进行共同活动而产生相互作用的集体。群体规模可以比较大,如几十人组成的企业;也可以比较小,如经常一起打球的球友。

然而并非所有聚集在一起的人都可称之为群体。只有具备以下基本条件和特征的社会成员才构成一个群体:

第一,群体成员须以一定纽带联系起来。例如,以血缘为纽带组成了家庭,以业缘为纽带组成了职业群体。

第二,群体成员之间有共同的目标和持续的相互交往。例如,电影院里的观众就不能称为群体,因为他们是偶然和临时性地聚集在一起,缺乏持续的相互交往。

第三,群体成员有共同的群体意识和规范。具有某种共同特征的若干消费者组成的集合体就是消费者群体。因为同一群体成员之间一般有较经常的接触和互动,能够相互影响,因而凡是具有同一特征的消费者都会表现出相同或相近的消费心理与消费行为。

(二) 消费者群体的形成原因

消费者内在因素和外部因素共同作用，形成了消费者群体。主要表现为以下几种情况：

第一，因其生理、心理特点的差异形成不同的消费者群体。消费者之间在生理、心理特性方面存在诸多差异，这些差异促成了不同消费者群体的形成。这种根据消费者自身生理及心理特点划分的各个消费者群体之间，在消费需求、消费心理、购买行为等方面有着不同程度的差异，而在本群体内部则有许多共同特点。

第二，因外部因素的影响形成不同的消费者群体。生产力发展水平、文化背景、民族、宗教信仰、地理气候等外部因素对于不同消费者群体的形成有一定的催化作用。例如，生产力的发展和生产社会化程度的提高促进了社会分工的细化，使得职业划分越来越细，如农民、工人、文教科研人员等。不同的职业使得人们的劳动环境、工作性质、工作内容和能力素质不同，心理特点也有差异，这种差异必然反映到消费习惯和购买行为上来。久而久之，便形成了以职业划分的农民消费者群体、工人消费者群体、文教科研人员消费者群体等。

此外，文化背景、民族、宗教信仰、地理气候等方面的差异，也可以使一个消费者群体区别于另一个消费者群体。

现实中，消费者经常以群体的方式对环境刺激发生心理与行为反应，进而对市场运行产生较大影响。因此，研究各类消费者群体的心理与行为对于企业开展营销活动具有重要意义。

二、消费者群体的不同类型

消费者群体可以采用多种标准加以划分。划分标准不同，消费者群体也呈现多种不同的类型。

(一) 依据地理因素划分

依据地理因素可以将消费者群体做不同划分。按国家地区划分，可分为国内消费者群、国外消费者群；按自然条件、环境及经济发展水平划分，可分为山区、平原、丘陵地区消费者群，沿海、内地、边远地区消费者群，城市、乡村消费者群等。处在不同地理位置的消费者对企业的产品各有不同的需要和偏好，其消费水平、消费结构以及消费习惯都有很大的差别。如南方消费者因气候比较潮湿，饮食习惯选择偏辣的食物，而北方消费者因气候干燥且冬季寒冷，饮酒习惯以白酒为主。

（二）依据人口统计因素划分

人口统计因素是指人们的性别、年龄、职业、民族、经济收入、受教育程度等。以此类标准划分的不同消费者群，其消费心理和消费行为也有所不同。例如，按性别划分，可分为男性消费者群、女性消费者群；按年龄划分，可分为少年儿童消费者群、青年消费者群、中年消费者群和老年消费者群；等等。

（三）依据消费心理因素划分

现实生活中，人们会发现许多消费者尽管在年龄、性别、职业、收入等方面具有相似性，但表现出来的购买行为并不相同。这种差别往往是由于心理因素的差异造成的，可以作为群体划分依据的心理因素有个性、价值观、自我概念、生活方式等。

（四）依据消费者对商品的现实反映划分

消费者对商品的现实反映不同，购买行为表现也不尽相同。对商品的现实反映主要表现为购买商品的动机、对商品品牌的偏好度、对商品的使用时间、对商品的使用量、对商品要素的敏感性等方面。例如，从购买动机来看，有炫耀性消费、求实动机消费、便利动机消费、求新和求廉动机消费等不同消费者群体。

应当指出的是，上述消费者群体的形成因素相互关联，共同对消费者群体心理与行为产生影响。还应该注意到，消费者群体形成后，并非固定不变，而是随着时间、地点、环境条件的变化而不断发展变化。在变化过程中，某些消费者群可能解体，某些可能重新组合，新的消费者群体也会不断涌现。随着社会经济的发展，消费者群体的变化呈现如下趋势：不同消费者群体的数量增加；消费者群体的划分越来越细；消费者群体的内在素质不断提高；消费者群体的演变速度加快。为此，企业应针对多种因素共同影响下的消费者群体特点，同时关注消费者群体的变化与发展，适时地调整自己的营销策略，才能更好地满足不同消费者的需要。

第二节 消费者群体对个人消费心理与行为的影响

消费者群体作为一种特殊的社会群体类型,因内部成员间的相互作用而形成了一定的结构模式。规范、压力以及内部沟通作为这种结构模式中的要素,对成员及群体的消费行为具有重要影响。

一、消费者群体规范

群体规范是指在某一特定群体活动中,被认为是合适的成员行为的一种期望,是群体所确立的一种标准化的观念。

群体规范的形成有其一定的心理机制。人们在共同生活中,对于外界事物的经验具有一种将其格式化、规范化的自然倾向。这种规范化的经验称为定型,它有助于人们在遇到此类事物时尽快做出反应。

按照规范的形式,可以将消费者群体规范分为成文规范与不成文规范两类。成文规范一般由组织正式规定,通过制定明确的书面条文以行政、政策乃至法律的手段为成员提供行为标准,强制性地影响消费者的心理与行为。如为了打击日益增多的酒后驾驶行为,我国政府颁布了禁止酒后驾驶的规定。

不成文规范常指群体成员所认同的文化与风俗对于个体的约束,其作用形式表现为通过群体压力迫使消费者调整自身行为,以适应、顺从群体的要求。例如,白领这一职业群体上班时一般都需要穿着正式服装,如果某个成员着装过于休闲或暴露,则会受到指责或被视为另类。

二、消费者群体的消费压力

任何消费者群体都会对所属的个体消费者的心理产生一定的影响,其影响方式是通过具体的信念、价值观和群体规范对消费者形成一种无形的压力或约束力,这种压力即群体压力。受到群体压力时,消费者会自动或被迫按照群体目标和准则调节自己的行为。

群体压力与权威命令不同,它并不是通过自上而下的明文规定强迫个体与群体保持一致,而是通过大多数人一致的意见来影响个体的反应。群体压力虽不具有强制性,却使个体在心理上难以违抗而顺从群体并与之保持一致。因此,群体压力对于消费者行为的改变常常比权威命令效果更明显。

心理学家哈罗德·莱维特在《管理心理学》一书中详细地描绘了群体压力产生的过程。他认为群体压力的形成主要包括以下四个阶段：

第一，辩论阶段。在辩论阶段，群体成员充分发表自己的意见，并耐心听取别人的意见。经过辩论，意见逐渐趋于两派，即多数派和少数派，这时，少数派已经感到某种压力，但他们仍据理力争。

第二，劝解说服阶段。多数派劝少数派放弃他们的主张，接受多数派的意见，以利于群体的团结。此时，多数派已由听取意见转为劝解说服，少数派感受到越来越大的群体压力，有些人因此放弃原来的观点，顺从多数人的意见。

第三，攻击阶段。个别少数派仍坚持己见，不肯妥协，多数人开始攻击其固执己见。此时，个别少数派感到压力极大，但可能还强顶着。

第四，心理隔离阶段。对于少数不顾多方劝解和攻击仍然固执己见的人，大家采取断绝沟通的方法，使其陷于孤立。这时，个体会感到已被群体抛弃，处于孤立无援的境地，除非脱离群体，否则将处于难堪的境地。

上述过程在消费者行为中表现为：当消费者对某一问题尚未表达意见和看法时，他在群体压力下有可能做出和大家一致的表示。如果消费者已经明确表达了自己的态度，此时如果屈服于群体压力，会使其觉得在公众面前损害了独立性和自我形象，因此不轻易从众。研究表明，随着自我介入水平的提高，人们不服从于群体压力的倾向，即保持原来观点的倾向也越来越强烈。

三、消费者群体的内部沟通

如同组织的内部沟通一样，在消费者群体中也存在各种形式的内部沟通，以使成员之间分享和交流商品与服务信息，以及购买、使用商品后的评价和心理感受，其目的在于通过向群体内的其他消费者转告、传播、倾诉，求得他人的了解和认同。消费者不仅在群体内传播消费信息，而且与其他成员分享自己对产品或服务的感受。消费者的感受一般可分为满意与不满意两种，由此衍生出两种不同的群体沟通方式。当消费者在购买、使用某种商品后获得满意的体验，心理上得到极大满足时，会出现传话效应，即把自身良好的心理感受和经验转告他人，这属于积极的沟通。当消费者基于各种原因而产生不满的心理体验时，会通过抱怨、发泄、投诉等方式，将消极信息传递给其他消费者或企业，以求得到同情和补偿，这便是一种消极沟通。

消极沟通一般有以下三种表现形式：

一是抱怨。消费者会向他人抱怨经营者的商品质量或服务态度，并主动找有关部门反映，要求协调处理质量或服务问题。

二是传话。消费者会把所受到的利益损失情况转告其他消费者，希望得到他人的同情；与此同时，消费者也把对企业不利的信息传给了其他消费者，使接受者产生戒备心理，给企业形象造成不良影响。

三是投诉。这是消费者运用舆论、行政或法律手段保护自身权益所采用的手段。当消费者受到重大利益损失，出现严重后果时，企业如果不能及时妥善地加以解决，消费者就会诉诸媒体、政府部门或消费者权益保护组织乃至法律机构，以求得到公平的解决。

当消费者群体中出现消极沟通时，企业应该及时指定专人负责解决问题，赔偿消费者的利益损失，消除其不满情绪，以便使传话人的传话行为尽快终止。此外，企业还要通过媒体在广大消费者中澄清事实，消除影响，尽可能减少消极沟通产生的不良后果。

第三节　主要消费者群体的心理与行为特点

一、不同年龄消费者群体

（一）少年儿童消费者群体

我们将0~14岁的消费者组成的群体称为少年儿童消费者群体。这一群体的消费者在人口总数中占有较大比例。为了研究的需要，我们对这一部分消费者群体，进一步根据年龄特征分为儿童消费者群体（0~11岁）和少年消费者群体（11~14岁）。

1. 儿童消费者群体

从刚出生的婴儿到11岁的儿童，由于受一系列外部环境因素的影响，他们的消费心理变化幅度最大。这种变化在不同的年龄阶段即乳婴期（0~3岁）、幼儿期（3~6岁）、童年期（6~11岁），表现得最为明显。乳婴期儿童的需要是由其父母或监护者来满足的，他们不具备独立的消费能力；幼儿期的儿童有相当部分已经学会利用手中的零钱，购买自己喜欢的零食和小玩具等，但大多数消费行为仍须由成年亲人帮助完成；童年期的儿童已经形成自己的消费心理特征，并且大多数可以独立完成简单的消费活动，如在家或学校附近的商店购买食品及学习用品等，对较为复杂的购买行为，他们也起到了较强的影响作用，甚至成为购买行为的决策者或参与者。

2. 少年消费者群体

少年消费者群体是指 11~14 岁年龄阶段的消费者。少年期是儿童向青年过渡的时期，在这一时期，生理上呈现第二个发育高峰。与此同时，心理上也有较大的变化，如有了自尊与被尊重的要求，逻辑思维能力增强等。总之，少年期是依赖与独立、成熟与幼稚、自觉性和被动性交织在一起的时期。少年消费者群体的消费心理特征可以从以下几点表现出来：

（1）有成人感，独立性增强。随着少年消费者自我意识的发展，认为自己已长大成人，应该有成年人的权利与地位，要求受到尊重，学习、生活、交友都不希望受父母过多干预，而希望能按自己的意愿行事，表现出明显的成人感特征。在消费心理上，表现出不愿受父母束缚，要求自主独立地购买所喜欢的商品。他们的消费需求倾向和购买行为尽管还不成熟，有时还会与父母发生矛盾，但确实已在形成之中。

（2）购买的倾向性开始确立，购买行为趋向稳定。少年时期的消费者，知识不断丰富，对社会环境的认识不断加深，幻想相对减少，有意识的思维与行为增多，兴趣趋向于稳定。随着购买实践活动的增加，他们的感性与知性经验越来越丰富，对商品的分析、判断、评价能力逐渐增强，购买行为渐渐趋于习惯化和稳定化，也开始确立其购买的倾向性，购买动机与实际的吻合度有所提高。

（3）从受家庭的影响转向受社会的影响，受影响的范围逐渐扩大。少年消费者则由于参与集体学习、集体活动，与社会的接触机会增多、范围扩大，受新环境、新事物、新知识、新产品等社会环境影响的比重逐渐上升。与家庭相比，他们更乐于接受社会的影响。其消费影响媒介主要是同学、朋友、明星、书籍、大众传媒等。

（二）青年消费者群体

我们将由少年向中年过渡的人群称为青年。不同的国家和地区由于自然条件、风俗习惯、经济发展水平的不同，人成熟的早晚有差异，青年的年龄范围也不一致。在我国，青年一般指年龄在 15~35 岁的人。处于青年时期的消费者就形成了青年消费者群体。

1. 青年消费者群体的主要特点

第一，人数众多。青年消费者群体是仅次于少年儿童消费者群体的另一个庞大的消费者群体。

第二,具有较强的独立性和很大的购买潜力。该群体的消费者已具备独立购买商品的能力,具有较强的自主意识。尤其参加工作以后有了经济收入的青年消费者,由于没有过多的负担,独立性更强,购买力也较高。因此,青年消费者群体是消费潜力巨大的消费者群体。

第三,购买行为具有较强的扩散性。青年消费者群体不仅具有独立的购买能力,其购买意愿对其他各类消费者也会产生深刻的影响。新婚夫妇的购买代表了最新的家庭消费趋势,对已婚家庭会形成消费冲击和诱惑。孩子出生后,他们又以独特的消费观念和消费方式影响下一代的消费行为。如此高的辐射力是任何一个其他年龄阶段的消费者所不及的。因此,青年消费者群体应成为企业积极争取的对象。

2. 青年消费者群体的消费心理与行为

在消费心理上,青年消费者群体与其他消费者群体有许多不同之处,具体表现如下:

第一,追求时尚,时代感强。思维敏捷、思想活跃,对未来充满希望并具有冒险和创新精神是青年人典型的心理特征。他们对任何新事物、新知识都会感到新奇、渴望并大胆追求。他们对现实世界中的新生事物抱有极大的兴趣,渴望更换品牌,体验不同的感受。这些心理特征反映在消费心理方面就是追求新颖和时尚,力图站在时代前列,领导消费新潮流。所以,青年消费者强烈的求新、求异思维决定了他们往往是新产品、新消费方式的追求者、尝试者和推广者。

第二,追求个性,表现自我。处于青春时期的消费者,自我意识迅速增强。他们追求个性独立,希望确立自我价值,形成完美的个性形象,因而非常喜爱个性化的商品,并力求在消费活动中充分展示自我的与众不同。在消费决策过程中,对于自己打算购买的商品,他们不易受成年人的影响,但他们会很在乎同龄人是否接受或喜欢。

第三,注重情感,冲动性强。由少年向成年过渡的青年消费者,思想倾向、志趣爱好等还不完全稳定,行动易受情绪及情感的支配。这一特征反映在消费活动中,表现为青年消费者易受客观环境的影响,情感变化剧烈,经常发生冲动性购买行为。

第四,追求实用,趋向成熟。随着年龄的增长,青年消费者的消费倾向从不稳定向稳定过渡。青年人收入水平不高,因而在追求时尚、表现个性的同时,也注重商品的实用性和科学性,要求商品经济实用,货真价实。由于青年人大多具有一定的文化水准,接触信息较多,因而在选择与购买过程中盲目性较少,购买动机及购买行为也表现出一定的成熟性。

(三) 中年消费者群体

35~55岁的消费者称为中年消费者，将由中年消费者组成的群体称为中年消费者群体。中年消费者购买力强，购买活动多，购买的商品既有家庭日用品，也有个人、子女、父母的穿着类商品，还有大件耐用消费品。争取这部分顾客，有利于企业巩固市场，扩大销售额。

中年消费者群体的消费心理大多表现为以下几个方面：

第一，情绪平稳，经验丰富，消费理性。随着年龄的增长，进入中年后，人们的性情和情绪反应通常趋向于平稳，能理智地支配自己的行动，感情用事的现象减少。另外，由于中年消费者广闻博识，具有丰富的生活阅历，对商品的质量优劣，实用与否都有独立的判断能力；加之长期在购买活动中学习，早已形成自己的购买经验和技能。因而他们注重产品的实际效用、价格与外观的统一，从形成购买欲望到实施购买往往要经过分析、比较和判断的过程，随意性很小。在购买过程中，即使遇到推销人员不负责任的介绍和夸大其词的劝诱及其他外界因素的影响，他们一般也不会感情用事，而是冷静理智地进行分析、比较、判断与挑选，使自己的购买行为尽量正确、合理。

第二，量入为出，计划性强，讲求实用。中年消费者肩负着赡老扶幼的重任，是家庭经济的主要承担者。他们不像少年和青年消费者那样，将收入全部花在自己身上。为了以有限的收入科学、合理、有效地支付家庭各方面的开支，中年消费者大多奉行量入为出的原则，消费支出计划性强，很少出现计划外开支和即兴消费的现象。中年消费者一般都养成了勤俭持家、精打细算的习惯，购物时往往格外注重产品的价格和实用性，并对与此有关的各项因素，如产品的品种、品牌、质量、用途等进行全面的衡量后再做选择。一般来说，物美价廉的产品往往更能激发起他们的购买欲望。

第三，注重身份，有消费品位，稳定性强。中年消费者正处于人生的成熟阶段，大多处于变动较少的稳定状态。他们消费不是想改变，而是出于维持现状的目的。因此，他们不再像青年时那样赶时髦、超前消费，而是注意建立和维护与自己所扮演的社会角色相适应的消费标准与消费内容，因此，他们更注重个人气质和内涵的体现。

（四）老年消费者群体

我们将退休后离开工作岗位的（男60岁以上、女55岁以上）消费者称为老年消费者，将由老年消费者组成的群体称为老年消费者群体。由于老年人在吃、穿、用、住、行等方面都有特殊要求，因此，这个群体要求有自己独特的产品和服务。

老年消费者群体是一个巨大的市场，随着经济的发展，这一市场仍然有极大的增长潜力，从而为企业提供更多的机会。从宏观角度而言，对老年消费者需求的满足，从一个侧面反映了一个国家的经济发展水平和社会稳定程度。因此，研究老年消费者群体的消费心理特征，满足老年消费者的消费需求是非常必要的。老年消费者由于生理演变的结果，他们的消费心理与其他消费者群体有许多不同之处，主要表现在以下几个方面：

第一，消费习惯相当稳定。由于年龄和心理的因素，与年轻人相比，老年人的消费观较为成熟，消费行为理智，冲动性消费和目的不明的盲目消费相对较少，对消费新潮的反应会显得较为迟钝，他们不赶时髦，讲究实惠。在几十年的生活实践中，老年消费者不仅形成了自身的生活习惯，而且形成了一定的购买习惯。这类习惯一旦形成就相当顽固，并在很大程度上影响老年消费者的购买行为。他们大多对层出不穷的新产品没有兴趣甚至不关心，对令人眼花缭乱的广告无所适从。在充斥着假冒伪劣商品的市场上，他们只认准自己长期使用的商品，更相信"老字号"及传统商标品牌。当然这些特点也使老年型商品市场变得相对稳定，企业一旦掌握了老年人的消费心理特点，就能在相当长的时间内抓住这一群体的市场。

第二，选购商品追求实用。我国现阶段的老年消费者经历过较长一段时间并不富裕的生活，生活一般都很节俭，他们把商品的实用性作为购买商品的第一目的，对商品强调质量可靠、方便实用、经济合理、舒适安全，至于商品的品牌、款式、颜色、包装装潢是放在第二位考虑的。价格便宜对于老年消费者选择商品有一定吸引力，但是，随着人们生活水平的改善、收入水平的提高，老年消费者在购买商品时也不是一味地追求低价格，品质和实用性才是他们考虑的主要因素。

第三，消费追求便利舒适。由于生理机能逐步退化，老年消费者喜欢易学易用、舒适便捷的，没有体力和脑力负担的商品。此外，老年消费者对消费便利性的追求还体现在对商品质量和服务的追求上，老年消费者对商品质量和服务的要求高于一般消费者，这是老年消费者的特征。质量高、售后服务好的商品能够使老年消费者用得放心、用得舒服，不必为其保养和维修消耗太多的精力。

第四，需求结构发生变化。由于需求结构的变化，老年消费者在穿着及其他奢侈品方面的支出大大减少，而对满足其兴趣的商品的购买支出明显增加。如穿着类商品需求下降的原因是，老年人不再追求时尚流行，活动少，一件衣服可以穿许多年，所以添置得相对较少。对商品的需求由生活日用品占较大比重向旅游、休闲、娱乐、健身用品等方向转移。

第五，注重健康，增加储蓄。随着生理机能的衰退，老年消费者对保健食品和保健用品的需求量大大增加。只要某种食品或保健用品对健康有利，价格一般不会成为老年消费者的购买障碍，尤其对于一些身体状况较差的老年人来说，健康无疑是他们关心的头等大事。这些人一般更加注重保养身体，会较多地购买医疗保健品。此外，老年人退休之后，他们的收入都有所下降，特别是大多数农村的老年人，一旦不再劳作，就几乎没有收入来源，而是要依靠自己以往的储蓄来生活，或是由子女赡养。因此，随着年龄的增加，他们会更加节省开支，为以后治疗疾病做更多的准备。

第六，部分老年消费者抱有补偿性消费心理。在子女长大成人独立、经济负担减轻之后，部分老年消费者产生了强烈的补偿心理，试图补偿过去因条件限制而未能实现的消费愿望。他们不仅在美容美发、穿着打扮、营养食品、健身娱乐、旅游观光等方面和青年消费者一样有着强烈的消费兴趣，而且还乐于进行大宗支出。近年来这类老年消费者有所增加，但在老年消费者群体中仅占少数。

二、不同性别消费者群体

（一）女性消费者群体

"随着经济社会的发展，女性的社会地位及经济地位越来越高。在日常生活中，女性在消费购物中的话语权越来越大。因此，企业要想在竞争中取得优势地位，研究女性消费群体十分必要。"① 女性消费者不仅数量大，而且在购买活动中起着特殊重要的作用。女性不仅对自己所需的消费品进行购买决策，而且在家庭中她们承担了母亲、女儿、妻子、主妇等多种角色，因此也是绝大多数儿童用品、老年人用品、男性用品、家庭用品的购买者。同时，女性的审美观影响着社会消费潮流，年轻女性的心境和感性支配着流行，女性不仅自己爱美，还注意恋人、丈夫、儿女和居家的形象。因此，商品的流行大多是随着女性审美观的变化而变化的。因此，研究女性消费，尤其是青年女性的消费，可以洞悉并及时把握社会消费心理的变化和趋势。

由于女性消费者在消费活动中处于特殊的角色地位，因而形成了独具特色的消费心理，主要表现为以下几点：

---

① 王秀，郑玉香：《基于女性消费者心理的我国服装市场营销策略分析》，《对外经贸》2014年第2期，第130-131、160页。

1. 女性消费者有较强的情感性心理

女性消费者在个性心理的表现上具有较强的感性特征，即感情丰富、细腻，情绪波动频繁且变化幅度较剧烈，富于幻想和联想。这种特征反映在消费活动中，就会在某种情绪或情感的驱动下产生购买欲望，从而进一步产生购买行为。这里促使情绪或情感萌生的原因可能来自多个方面。有来自外界的刺激因素，如广告激发的想象，商品品牌的寓意、款式色彩产生的联想、商品形状带来的美感、售货员的热情友好，环境气氛的温馨等都可以使女性萌发购买欲望并产生冲动性购买行为；还可能由于女性消费者自身的心理需要，如心情特别好或特别不好时，都可能产生慰劳补偿自己或者借购物发泄等念头，从而产生疯狂性购买行为。

2. 女性消费者重视商品的实用性和细节设计

在家庭中的地位及从事家务劳动的经验体会，使女性消费者对商品的关注角度与男性有所不同。男性在购买日常用品时，更关注商品的实际效用，关心商品带来的具体利益。而商品在细节之处的设计优势，往往更能博得女性消费者的欢心，如家庭洗涤剂精巧的喷头设计、家用微波炉使用的专用器皿、多用途的家庭刀具等。她们在购买商品时所表现出来的反复询问、了解使用方法等行为，使人明显感觉到女性消费者的周到细心。

3. 女性消费者购买商品更加"挑剔"

由于女性消费品品种繁多，弹性较大，加之女性特有的细腻、认真，因而她们通常在选择商品时比较细致，注重产品在细微处的差别，通俗地讲就是更加"挑剔"，产品某些细微的优点或不足都会引起女性消费者的注意。另外，女性通常具有较强的表达能力、感染能力和传播能力，善于通过说服、劝告、传话等方式对周围其他消费者的购买决策产生影响。

4. 女性消费者重视商品的便利性与生活的创造性

现代社会，中青年女性的就业率很高，她们既要工作，又要担负家庭的大部分家务劳动，因此，她们对日常生活用品的方便性具有强烈的要求。每一种新的、能减轻家务劳动强度、节省家务劳动时间的便利性消费品都能博得她们的青睐。例如，人性化设计的整体洗碗机、多用搅拌切片机、消毒柜、微波炉等以家庭为对象的厨房用品，成为现代女性的新选择。同时，女性消费者对于生活中新的、富于创造性的事物，也充满热情，如购置新款时装、布置新房间、烹调一道新菜等。

5. 女性消费者有较强的自我意识

女性消费者一般都有较强的自我意识，对外界事物反应敏感，在日常消费活动中，她们往往以选择的眼光、用自己的标准来评价计划购买的商品和别人购买的商品。当自己购物时,希望通过明智的、有效的消费活动来体现自我价值;当别人购物时,即使作为旁观者,也愿意发表意见,并且希望自己的意见被采纳。在购买活动中,营业员的表情、语调、介绍及评论等,都会影响女性消费者的自尊心,进而影响其购买行为。比如营业员所说的"您穿这件衣服显得特别年轻",诸如此类的恭维话会鼓动起女性消费者的购买欲望。

(二) 男性消费者群体

男性消费者主要是指成年男性消费者,他们去商店一般都有明确的购买目标。与女性消费者相比,男性消费者购买商品的范围虽然要窄一些,但他们往往是家庭中购买高档商品的主要决策者。针对男性消费者的消费特点进行有针对性的营销活动,对于企业的生存和发展具有重要的意义。

1. 男性消费者市场的特点分析

与女性相比,我国男性就业率和经济收入相对较高。虽然城镇男性的平均消费水平要低于女性,而在农村却明显高于女性。在购买活动中,男性对产品的结构与功能的了解能力要优于女性,这往往使他们成为结构较为复杂的产品或高档耐用消费品(如轿车)的选购者。出于男性特有的成就感和控制欲,他们在新产品的接受方面比女性更为积极主动。男性较多通过广告获取购买决策的信息,而且对某种产品的购买动机一旦形成,他们就会迅速果断地付诸实施,实现购买决策。而且,男性在购买产品时很少挑剔,也不愿意在同类产品的不同品种之间进行反复的比较和权衡,因此,他们选购产品的范围较窄。

2. 男性消费者群体的消费心理表现

男性消费者与女性消费者相比,消费心理要简单得多。一般来说,男性消费者群体的消费心理比较突出地表现在以下几点:

第一,求新、求异、求癖心理。相对于女性而言,男性具有更强的攻击性和支配性。这种心理在消费上表现为求新、求异、求癖和开拓精神,他们往往对新产品的奇特性有较高的要求。此外,相当一部分男性有着某种特殊嗜好,例如,有人烟酒成癖,有人爱好钓鱼、养花、养鸟,也有人酷爱摄影、集邮、收集古董、珍藏古画等,而这些在女性中表现得不太普遍。

第二,购买产品的目的明确,果断性强。男性消费者购物时往往都有明确的目标,他们进商场后就直奔相应的目标区域而去,碰到符合心理要求的目标时,他们能果断决策,将购买愿望立即转化为购买行动。与女性消费者相比,男性消费者购买产品时理智和自信更多一些。他们往往在购买前就选择好了购买对象,不愿意在柜台上花更多的时间挑选产品。即使买到有瑕疵的产品,他们也认为大体上过得去就算了,购买后不满意或退货的情况比女性少。在购买上敢于冒险,富有主见,个性和独立性明显,有时甚至武断等,这些都是男性消费心理特征的表现。

第三,注重产品的整体质量和使用效果。男性消费者在购物过程中多数都是理性购买,他们对产品的性能了解更多,特别是对一些价格昂贵、结构复杂的高档产品,并且在购物时很注重产品的整体质量。只要整体质量可靠,他们就能做出购买决策。同时,男性消费者购物时善于独立思考,很注重产品的使用效果,不会轻易受外界环境的影响。

第四,购买产品时力求方便、快捷。一般男性消费者很少逛商场,即使去商场也很少像大多数女性消费者那样花很多时间"闲逛"。遇到自己所需要的产品,他们一般会迅速购买,尽快离店。他们对商场出售产品时的种种烦琐的手续、拖延时间的作风十分反感。男性消费者这种力求方便、快捷的心理,在购买日常生活用品时表现得尤为突出。

总之,性别对消费者心理有比较大的影响,但是就具体的消费者而言,性别对消费者心理的影响程度也不尽相同,而且消费者心理的这种性别差异是综合地、混杂地反映在消费者的购买行为上的。

三、不同收入消费者群体

一般来说,消费者群体可分为以下七种:

第一,最高收入群体。这类群体边际消费倾向很低,投资意识很强烈。最高收入者的基本生活需求已完全得到满足,衣食住行无忧,对现有的大众化消费已无太大兴趣,而是追求更高层次的精品化、个性化消费。

第二,高收入群体。这类群体的储蓄和投资倾向仅次于最高收入群体,其生活需求已基本得到满足,但是他们对一些高档产品、服务和精神文化的需求更加强烈。调查显示,越来越多的高收入居民车、房齐全,注重追求精神消费和服务消费,教育、文化、通信、保健、住宅等成为他们的消费热点,追求时尚化与个性化的消费日趋明显。在饮食方面,他们讲究营养和风味,讲求吃得精、吃得奇;穿着上崇尚名牌,讲究款式、品质和个性;在日用品方面主要青睐一些科技含量高、时代感强的高档家电产品。除了满足物质生活的需求外,外出游览名胜古迹,出境领略异国风情,也成为高收入群体节假日消费的重要内容。

第三,中高收入群体。这类群体主要包括私营企业主和专业技术人员,是受高收入群体的消费示范效应影响最大的一类人群，也是较为活跃的一个群体。他们虽然收入不及高收入群体，但是这类群体中的大多数人对自身及家庭的未来状况比较有信心，因而在许多方面的消费都与高收入群体接近。值得一提的是，这类消费者非常注重名牌时装的消费，因此，在他们的总支出中，衣着消费方面的支出所占的比例在各个收入群体中最高。同时，他们也注重文化娱乐消费和子女的教育，在这些方面的支出也较多。

第四，中等收入群体。这类群体大多为城市居民，少数为农村较为富裕的居民，主要由政府公务员、国有企业职工、一般的科教文卫人员、个体经营者及其家庭构成。中等收入群体的恩格尔系数在40%左右，边际消费倾向居中，正处于从小康型向富裕型、从讲求消费数量向讲求消费质量转变的阶段，再加上一定的储蓄积累，他们已构成当前最具购买能力的群体之一。并且他们的消费开始呈现出多样化趋势，是继高收入、中高收入群体之后最为活跃和强有力的跟进力量。其消费结构开始加快变动、转型和升级，购买力指向以中档个人住宅、私人轿车为主，他们乐于接受新兴的生活和消费方式，被视为消费的中坚力量。

第五，中低收入群体。这部分消费者的收入基本稳定，在满足日常消费之外略有结余，但是受近年来体制改革的影响，消费倾向下降很快。这部分居民属温饱型向小康型过渡的消费群体，其基本的消费需求已经得到满足，正积聚资金向更高一层的消费提升。但住房、医疗、教育等各项改革的集中推进，使这些居民预期支出增加，使他们有钱也不敢花。由于受未来收入与支出不良预期的影响，这一消费群体对即期消费很谨慎。造成这种情况的原因有两个：一是居民对未来预期收入的增加缺乏信心；二是居民对未来因相关改革引起的预期支出的增加忧心忡忡。此外，传统消费观念仍在很大程度上对这一群体居民的消费行为起着支配作用。他们崇尚"收支相抵、略有结余"，忌讳"寅吃卯粮"，因而即期收入成为当前消费的最大限度。他们很少"负债"消费或"超前"消费，不愿意把明天的钱提前到今天来用。上述因素导致不少消费者的消费心理趋于保守、谨慎，也致使一部分购买力沉淀下来，以获得"未来安全"的需要。

第六，低收入群体。这类群体一般具有劳动能力，但在投资和就业竞争中居于劣势，只能获得较低报酬，是就业群体中的贫困者。这一群体在生活基本需求的水平、质量和社会交往方面居于社会的下层，基本解决了温饱问题。由于收入水平较低，以维持基本生活消费为主，没有足够的购买能力，更没有多余的钱用于储蓄。因此，一旦遇到疾病等意外支出及子女教育等生活以外的支出时，他们一般难以承受。值得一提的是，这一群体在子女教育方面的支出比例较高，仅低于中高和高收入群体，而高于其他收入群体，表明这类消费者比较重视子女教育。

第七,最低收入群体。这类群体是处于贫困线以下的人群,包括一部分最低收入者和没有劳动能力、没有固定收入来源的无业者和失业者。该群体的成员尚未解决温饱,生活极其困难。其中有许多贫困群体是依靠社会扶助和社会保障勉强度日的。最低收入者面临的是最基本的生存问题,他们在衣、食、住几方面的消费接近总消费支出的70%,因此,对基本生活用品的价格非常敏感和重视。

第四节 家庭对消费者心理与行为的影响

一、家庭生命周期及其对消费者心理与行为的影响

（一）家庭生命周期的划分

家庭生命周期是反映一个家庭从形成到解体呈循环运动过程的范畴。目前对家庭生命周期的划分有很多种方式,本书将家庭生命周期划分为四个阶段,即家庭形成期（筑巢期）、家庭成长期（满巢期）、家庭成熟期（离巢期）和家庭衰老期（空巢期）。

1. 家庭形成期

该阶段的夫妻年龄以25～35岁居多,即从结婚到最小的子女出生,其特征表现为筑巢期,家庭成员数量随子女出生而增加,家庭收入以双薪为主,追求高收入增长率,家庭支出随家庭成员的增加而上升。而家庭储蓄则随家庭成员的增加而下降,家庭支出压力大。此阶段的家庭居住现状是与父母同住（三代同堂）或自住,资产有限,但由于年轻,可承受较高的投资风险。由于购房、购车等需求,一般负债较高。

2. 家庭成长期

该阶段的夫妻年龄以35～55岁居多,即从最小的子女出生到其完成学业,其特征表现为满巢期,家庭成员固定,家庭收入仍以双薪为主,可能因为一方薪资用于养育儿女而成为单薪家庭,家庭支出随家庭成员固定而稳定,教育支出压力大。家庭储蓄随家庭收入增加、支出稳定而逐渐增加。与父母同住（三代同堂）或自住,资产逐年增加,应开始控制投资风险,家庭负债呈逐步降低趋势,房贷逐步交清,投资净资产逐年积累。

3. 家庭成熟期

该阶段夫妻年龄以 55~65 岁居多，从最大的子女完成学业到夫妻均退休。该阶段的特征表现为离巢期，家庭成员数量随子女独立逐步减少，家庭收入以双薪为主，事业发展与收入均达到高峰，家庭支出随家庭成员减少而降低，家庭储蓄随收入增加和支出降低，储蓄大幅增加，应着手准备退休金。家庭居住表现为供养双亲或夫妻自住或与子女同住。与此同时，家庭资产达到最高峰，应降低投资风险准备退休金，应已还清负债，因此净资产达到最大值。

4. 家庭衰老期

该阶段夫妻年龄以 65~85 岁居多，从夫妻均退休到二人中一人过世。该阶段的特征表现为空巢期，夫妻二人或只剩一人，家庭收入以理财收入或转移性收入为主；家庭支出方面，因为不再工作，休闲、医疗费用增加，其他支出减少；家庭储蓄表现为大部分情况下支出大于收入，消耗退休准备金。该阶段的夫妻二人居住、一人独居或与子女同住，家庭资产则逐年变现，以固定受益工具为主，一般无新的负债，净资产随资产逐渐降低而逐年降低。

（二）家庭生命周期影响消费者心理与行为的特征

消费者的家庭状况，因为年龄、婚姻状况、子女状况的不同，可以划分为不同的生命周期。在生命周期的不同阶段，消费者的行为呈现出不同的主流特性。

家庭形成期：处于这一阶段的消费者经济状况较好，具有比较大的需求量和比较强的购买力，耐用消费品的购买量高于处于家庭生命周期其他阶段的消费者。最小的孩子在 6 岁以下的家庭，往往需要购买住房和大量的生活必需品，常常感到购买力不足，对新产品感兴趣并且倾向于购买有广告的产品。

家庭成长期：处于这一阶段的消费者一般经济状况较好但消费慎重，已经形成了比较稳定的购买习惯，极少受广告的影响，倾向于购买大规格包装的产品。夫妇已经上了年纪，但是有未成年的子女需要抚养。处于这一阶段的消费者经济状况尚可。消费习惯稳定，可能购买富余的耐用消费品。

家庭成熟期：是子女已经成年并且独立生活，但是家长还在工作的家庭。处于这一阶段的消费者经济状况最好，可能购买娱乐品和奢侈品，对新产品不感兴趣，也很少受到广告的影响。

家庭衰老期：是子女独立生活、家长退休的家庭。处于这一阶段的消费者收入大幅度减少，消费更趋谨慎，倾向于购买有益健康的产品。收入很少，经济状况不好，消费量减少，集中于生活必需品的消费，主要需要医疗产品。

二、家庭内部角色变化对消费者心理与行为的影响

家庭成员在购买决策中的作用，与个人在家庭内所处地位及担任角色有很大关系，同时又要受到家庭类型和所购商品类型、特点、价值高低及购买风险大小等因素的影响。家庭成员的消费通常是以家庭为单位的，但在购买某些具体商品的决策方面，每个家庭成员所起的作用会有所不同。

一般情况下，家庭成员在购买过程中扮演的角色不外乎以下五种：①提议者，即促使家庭中其他成员对商品产生购买兴趣的人；②影响者，即提供商品信息和购买建议，影响挑选商品的人；③决策者，即有权单独或与家庭中其他成员共同做出决策的人；④购买者，即亲自到商店从事购买活动的人；⑤使用者，即使用所购商品或服务的人。

（一）夫妻角色与家庭购买决策

1. 夫妻在家庭购买中扮演的角色分析

在一般的家庭中，丈夫、妻子是商品购买的主要决策者，他们不仅掌握着家庭的经济大权，还决定着商品的购买意向以及购买时间。但是，不同的家庭中，夫妻在商品购买决策中的作用是有很大差别的。研究不同家庭夫妻在决策中的角色和地位，以及了解不同家庭成员在购买决策中的角色，可以帮助企业把握制定营销策略较为关键的问题。

总体来讲，夫妻决策类型不外乎以下四种：①丈夫决策型，一切由丈夫支配和决定；②妻子决策型，一切由妻子决策；③夫妻共同决策型，夫妻双方共同做出大部分的购买决定；④夫妻自主决策型，即夫妻双方各自做出购买决定。

具体购买活动中，夫妻购买决策的形式也因所购商品的类型不同而有所不同。一般来说，妻子对食品、化妆品、服装、生活日用品、室内装饰用品等商品的购买有较大的决策权，而在购买家电、家具、汽车、住房等大件商品时，丈夫所起的作用就要大一些。保险的购买通常属丈夫主导型决策；度假、孩子上学、购买和装修住宅则多由夫妻共同做出决定；而像饮料、护肤用品等产品的购买一般是由夫妻各自自主做出决定。该研究还发现，越是进入购买决策的后期，家庭成员越倾向于联合做决定。此外，夫妻在商品特性选择方面的影响作用也存在差异。

换而言之，家庭成员在具体产品购买上确有分工，某个家庭成员可能负责收集信息和

进行评价、比较，而最终的选择则尽可能由大家一起做出。

2. 家庭购买决策方式的影响因素

家庭购买决策究竟采取哪种方式，要受到以下多种因素的影响：

（1）家庭购买力。一般来说，家庭购买力越强，共同决策的观念越淡漠，一个成员的决策更容易为家庭其他成员所接受；反之，购买力弱的家庭，其购买决策往往由家庭成员共同参与制定。

（2）家庭的民主气氛和家庭分工。民主气氛浓厚的家庭，家庭成员经常共同参与决定；相反，在专制的家庭中，通常是由父母或他们其中的一人做主。

（3）所购商品的重要性。一般来说，购买价值较低的生活必需品时，无须进行家庭决策；但购买高档耐用消费品及对全家具有重要意义的商品时，大多由家庭成员共同协商决策。

（4）购买时间。购买时间越急促，越可能由一个人迅速做出决策；而全家共同商定决策通常要花费较长时间。

（5）可觉察风险。通常，在购买那些家人比较陌生、缺乏足够市场信息、没有充分把握的商品时，由于所察觉到的购买风险较大，所以家庭成员共同决策的情况较多。

其他因素，如文化知识水平、销售场所距离、家庭成员个性等也会对家庭决策有一定的影响。

（二）子女影响家庭购买决策

在我国目前的核心家庭中，独生子女家庭占大部分比例。这类家庭中，子女在消费活动中将处于重要地位，并对购买决策具有重大影响。特别在我国的将来，子女对家庭购买决策的影响程度由下列因素决定：

（1）子女在家庭中的地位。许多研究表明，孩子说话的口气越是肯定，他们的父母就越是以孩子为中心。孩子在家庭中的地位越高，对家庭购买决策的影响也越大。

（2）子女所在家庭类型。一般来说，城市家庭中的父母比农村家庭中的父母更注意听取子女的意见；经济条件好的家庭比经济条件差的家庭更能满足子女的要求；民主气氛浓厚的家庭比专制的家庭在购买决策时受子女的影响更大。

（3）子女的年龄。年龄是影响子女参与消费决策的一个重要因素。处于儿童阶段的子女，虽然不同程度地参与了父母为其购买商品的活动，但其主要还是依赖父母的决策。子女到了少年阶段，开始有了成人感，独立性增强，希望能按自己的意愿行事，喜欢自主独立地购买所喜欢的商品。参加家庭购买决策的意识增强，并对家里的购买决策产生一定的影响。

（4）所购买商品与子女的关系。一般来说，除不具备表达意见能力的婴幼儿以外，多数家庭在购买与子女有关的商品时会征求他们的意见。尤其是独生子女家庭，这一倾向更为明显。而随着商品知识和购买经验的积累，子女在选购一些他们熟悉的商品时，往往会取代父母而成为家庭购买的决策者。

第五节 消费流行对消费者心理与行为的影响

一、消费流行的特点及形式

消费流行是指在一定时期和范围内，大部分消费者呈现出相似或相同行为表现的一种消费现象。具体表现为多数消费者对某种商品或时尚同时产生兴趣，而使该商品或时尚在短时间内成为众多消费者狂热追求的对象。此时，这种商品即成为流行商品，这种消费趋势也就成为消费流行。

"消费流行是一种社会经济现象，它广泛地存在于社会经济生活中，使人们采取相似或相同的消费行为。"[①] 对企业而言，消费流行是难得的机遇，也是极大的挑战，要采取适当的营销策略。

（一）消费流行的主要特点

消费流行具有以下六个特点：

一是循环性。今天正在流行、被视为时尚的事物，明天就可能过时，变得陈旧，而后天又可能"死灰复燃"再度成为时尚。阿尔佛雷德·克鲁伯在研究妇女时装变化规律时得出结论：时装的变迁大概以 5~25 年为一个循环周期，而且是做"极端运动"，即宽到极端又回到紧，紧到极端又回到宽。

二是从众性。由于流行的时尚总是由那些影视明星及引领潮流的公众人物发起，作为消费者群体来说，他们常常是一般大众的参考群体甚至是渴望群体，所以时尚的追随者往

---

① 王启凤、杨华峰：《消费流行及其营销策略探析》，《重庆科技学院学报》（社会科学版）2012年第 4 期，第 82-84 页。

往在无形中体验到一种殊荣和优越感。人们认为，凡是合乎时尚的就是好的和美的；反之，就是落伍的和不合时宜的。这就为众人对时尚的模仿和追求制造了一种无形的压力，迫使人们参与对时尚和潮流的追逐。

三是求新性。从某种意义上来说，时尚就是标新立异、追新猎奇的同义语，时尚的领导者为了表现自己独特的个性和领先众人的审美情趣，总是力求做得与众不同，求新就成为时尚最重要的元素，没有新颖性，时尚也就失去了存在的理由。

四是价值性。由于流行的制造者们大都具有较高的社会地位和声望，因此，时尚总是表现出某种特定的珍贵性。所以，人们习惯地认为，消费时尚中流行的商品就是高档的、有价值的，流行的就是先锋、前卫的，值得推崇与羡慕。这与人们崇尚时尚的心理有关。所以，流行与时尚的产品在款式、造型、色彩等方面比较讲究的同时，一般都可以通过高价格获得超额利润。

五是常态曲线性。消费时尚的流行遵从统计学上的"常态曲线原则"，即是一个由上升、高峰和下降三个阶段组成的常态曲线展开的过程。就人数的变化而言，首先是极少数时尚的倡导者发动消费观念的变革；其次是少数追逐者开始推波助澜；最后大多数人随着消费潮流的演变而转移，只有极少数保守的消费者熟视无睹。就时间过程而言，先是缓慢地兴起，逐渐积累能量，然后发展到顶峰；势头逐渐减弱，直到彻底消失。就消费者群体而言，时尚在年轻人中比在老年人中更容易流行，在女性中比在男性中更容易流行。

六是样式差异性。时尚在广泛流行的过程中，会因为群体与地区的差异而最终导致样式的变异。消费时尚存在一种位势的差异，即流行总是从经济发达的地区向经济较落后的地区转移，在这个过程中逐渐形成了流行样式的差异：一是品质和功能的差异，即在发达地区流行的质地优良、功能完善的产品，在落后地区则演变成外形类似、功能较少的产品；二是时间的差异，即先在发达地区流行并基本普及，再过渡到一般发达地区，最后才转移到落后地区；三是价格差异，即在发达地区，时尚产品发生于高端市场，属于昂贵商品，而在较落后的地区则以低廉价格出现，仿冒产品流行。

（二）消费流行的分类

1. 按照消费流行的性质划分

（1）吃的商品引起的消费流行。这种消费流行是由于吃的商品的某种特殊性质包括的内容比较广泛，流行的商品数量、种类也比较多，而且流行的时间长、地域广。流行食品的价格，往往要高于一般食品的价格。如20世纪五六十年代高热量食品、高蛋白食品曾经在一些国家十分流行。20世纪七八十年代以来，健康无公害食品、天然食品在一些国家形成消费流行。

(2) 用的商品引起的消费流行。用的商品由于能给生活带来巨大的便利而产生消费流行，如电视机丰富了人们的生活，使人们足不出户而知天下事，坐在家里就能欣赏戏剧、音乐，观看电影、电视剧；电冰箱具有食品保鲜、冷冻的特性，人们不必天天采购商品，可以节约时间。用的商品引起的消费流行，往往是性质相近的几种商品，流行的时间与商品的生命周期有关，流行的范围比较广泛、时间也较长。

(3) 穿着类商品引起的消费流行。这类商品引起的消费流行，往往不是由于商品本身具有的性能，而是由于商品附带特性而引起消费者的青睐。

2. 按照消费流行的速度划分

按消费流行的速度不同，有迅速流行、缓慢流行和一般流行。商品流行的速度与商品的生命周期有关，也与商品的分类和性质有关。

3. 按照消费流行的范围划分

(1) 世界性的消费流行。这种消费流行范围大、分布广，一般来源于人们对世界范围一些共同问题的关心。

(2) 全国性的消费流行。全国性的消费流行一般来源于经济发达地区、沿海城市，是根据我国的经济发展水平和生活条件而选择的某些商品。这类商品一般符合我国人民的消费习惯和消费心理。

(3) 地区性的消费流行。从现象上看，这种消费流行是最普遍、最常见的；从实质上看，这种消费流行有的来源于全国性的消费流行，有的纯粹是一种地区性的消费流行。全国性消费流行在地区上的反映，其特点是流行起源于大中城市、经济发达地区，流行的商品相同或相似，流行的原因不完全反映商品在该地区的消费特点。

(4) 阶层性的消费流行。按照市场细分化的原理，有高、中、低档收入的阶层，有婴儿、儿童、青年、中年、老年人市场；有大学、中学、小学、低文化程度消费者阶层的市场；有工人、农民、职员、知识分子市场等。

二、消费流行和消费者心理与行为的互动

研究消费时尚与流行，不仅要看到消费者心理与行为对消费流行形成和发展的影响，也要看到消费流行如何引起消费者心理与行为的变化。

(一) 消费时尚的主要流行方式

消费时尚的流行方式大致有三种。

第一，自上而下的流行。由社会上有地位、有身份、有经济实力的上层人士率先倡导或者实行，然后逐渐向下传播，最终形成流行的时尚。这就是我们通常所说的"上行下效"，如明星时装、发型。

第二，自下而上的流行。由社会下层消费者最先使用，逐渐扩散，为社会各个阶层所接受，最终演变成一种时尚，如牛仔服。

第三，横向传播流行。由某一阶层、某一地区率先推出，引起其他阶层和地区的响应而形成流行时尚，如意大利皮装。

(二) 消费流行的阶段

消费流行的阶段与产品生命周期相互联系但又有所区别。时尚的周期性循环是以产品的生命周期为基础的。每一个产品都要经过"导入期—成长期—成熟期—衰退期"这样四个阶段，流行则要经过"兴起期—热潮期—衰退期"三个阶段。

一是兴起期。在产品的导入期，流行商品由于其鲜明特色和优越性能吸引了有名望、有社会地位的顾客和具有创新消费心理的消费者，他们对商品的使用产生强烈的社会示范效应。

二是热潮期。流行商品的一个重要特点是能很快形成消费热潮。由于有明星人物的示范作用，产品能在极短的时间内流行起来。许多热衷于时尚的消费者纷纷模仿，甚至形成抢购风，市场销售增长率呈直线增长趋势，对市场形成巨大冲击。

三是衰退期。流行商品与一般商品的最大不同是市场成熟期十分短暂，当新产品在市场大量普及之时，流行的势头已经开始减弱，随即市场进入衰退期。所以产品成熟的同时也意味着衰退期的到来，成熟期与衰退期是交织在一起的。

三、消费者心理与行为对消费流行产生的影响

对消费流行产生影响的消费者主要是以下几个社会阶层：

第一，高收入阶层。包括金融业者、企业家、成功商人等。这一阶层人士生活消费支出有很大的选择自由，生活消费表现为高层次、多样化，对购买新商品的态度坚定。他们以强劲的购买力和追求高端产品享受成为流行的制造者。

第二,知名人物阶层。包括演员、歌星、艺术家等。这些人由于职业特点对新商品比较敏感,勇于购买使用,他们追求的是较高审美价值的商品所带来的心理愉悦,是时尚品牌价值的发现者。从消费心理角度考察,这部分人具有较高的商品认知能力,购买商品时追求新颖、美观、名牌,对制造时尚和流行的影响作用很大。

第三,迅速致富的中等收入阶层。个体户、富家子弟及高级白领等。这些人往往为平衡自己的社会地位而表现出较强的炫耀性消费心理。或者具有攀比消费、模仿消费心理,这种消费带有一定的盲目性,当一种新的商品进入市场后,他们会紧跟第一种、第二种人的购买行为,由此带动消费流行的发展。

四、消费流行引起消费者心理与行为的微妙变化

在消费流行的冲击下,消费者心理与行为会发生许多微妙的变化,具体表现如下:

一是认知态度的变化。按照正常的消费心理,顾客对一个新事物、一种新产品,往往开始持怀疑态度。但消费流行的出现,会使得认知心理变化:①怀疑态度的取消;②肯定倾向的强化;③唯恐落后消费潮流。

二是驱动力的变化。正常情况下人们购买是出于消费需求,购买动机是比较稳定的。但在消费流行的驱使下,购买的动力会发生改变,如求新、求美、求名、从众等。

三是价值观念的变化。正常情况下,消费者要对商品比值比价,力求购买经济合算、价廉物美的产品。但在消费时尚和流行浪潮的冲击下,消费者会放弃这些基本原则,明知价格被抬高还是乐意购买,甚至以买高价格的商品为荣。

四是心理动机的变化。在购买过程中,有些顾客具有惠顾和偏好的心理动机,即对长期使用的产品产生信任感,从而形成固定购买的习惯。但在时尚和流行趋势的影响下,消费者会放弃这种偏好的心理动机,转而趋向于使用流行性商品以炫耀或表明自己是跟上潮流的,而非墨守成规的落伍者。

第五章 基于消费者心理与行为的市场机会选择

第一节 市场细分及其心理因素

一、市场细分的作用与原则

市场细分①，就是指企业通过市场调研，根据市场需求的多样性和异质性，依据一定的标准，把整体市场即全部顾客和潜在顾客划分为若干个子市场的市场细分过程，每一个子市场就是一个细分市场，一个细分市场内的消费者具有相同性质或相似的需求特征，不同的子市场之间有非常明显的需求差异。

（一）市场细分的作用体现

第一，市场细分有利于企业挖掘、分析和发现新的市场机会。市场机会就是尚未得到满足的市场需求。在市场细分的基础上，企业可以深入了解各细分市场需求的差异性，并根据对每个细分市场潜在需求的分析，研究购买者的满足程度及该市场的竞争状况。通过比较，发现有利于企业的营销机会，以便运用自身的有利条件，通过产品开发将潜在顾客需求转化为市场需求，从而迅速占领市场并取得优势地位。

第二，市场细分有利于企业集中使用资源，提高经济效益，增强企业的竞争能力。企业可以根据市场细分的特点结合企业的资源条件，充分发挥企业优势，集中使用人、财、物为目标市场服务，将有限的资源用于能生产最大效应的地方，占领某一细分市场或几个

---

① 市场细分是美国市场营销学家温德尔·史密斯于1956年在美国《市场营销杂志》上首先提出来的一个新概念。

细分市场，从而增强企业在目标市场上的竞争能力。

第三，市场细分有利于企业制定和调整市场营销组合策略。通过市场细分，人们比较容易了解和掌握顾客需求特点以及消费者对不同营销措施的反应，从而针对不同细分市场的特点，改进现有的产品与服务的规格、种类、质量特性等，甚至去开发新的产品和服务，从而改善企业的经营管理。在此基础上，制定具体、完善、有效的营销策略，相应地调整与组合价格、分销渠道和促销策略。

（二）市场细分的基本原则

市场细分要遵循以下基本原则：

一是可衡量性原则。企业所选择的各个细分市场应具有区别于其他细分市场的明显特征，即各个细分市场部分的范围、容量、潜力、购买力等应该是能够加以测定的。市场细分的标准必须明确、统一，令人捉摸不定、难以衡量和测算的细分标准，不能作为细分的依据。

二是可进入性原则。细分市场必须考虑到企业的经营能力，使目标市场的选择与企业的资源相一致。企业所选择的目标市场，必须是自己有足够的进入市场的能力，而且具有较强竞争力的细分市场。

三是可赢性原则。企业作为以盈利为目的的经济组织，能否赢利是判断其活动的重要标准。因此，企业选择的目标市场应当能够维持一定的利润水平。如果细分市场规模过小，市场容量有限，则没有开发价值。

四是稳定性原则。有效的细分市场所划分的子市场还必须具有相对稳定性。企业目标市场的改变必然带来经营设施和营销策略的改变，从而增加企业的投入。如果市场变化过快，变动幅度过大，将给企业带来风险和损失。

五是发展性原则。发展性是指市场具有未来发展潜力，通过企业的开发有可能发展成为一个规模较大市场，能够给企业带来长远的利益。可见，细分市场的选择实际上是企业经营领域的选择，具有战略意义。因此，细分市场的选择必须与企业的长期发展战略相结合。

二、影响市场细分的心理因素

以消费者心理作为变量进行市场细分称之为"心理细分"。

心理变量所含的因素十分复杂，非常广泛，涉及消费者的一系列心理活动和心理特征，主要包括消费者的个性、生活方式、动机、价值取向、对商品或服务方式的感受或偏好、对商品价格反应的灵敏程度，以及对企业促销活动的反应等。由于篇幅所限，我们仅对生活方式和个性两个因素加以讨论。

（一）生活方式因素

生活方式，是指在人的活动、兴趣和意见上表现出的生活模式。即使亚文化、社会阶层和职业都相同的人，他们的生活方式也可能是不同的。

在经济较为发达的条件下，消费者的生活方式日趋多样化，不同的生活方式往往产生不同的消费需求和购买行为，即使对同一种商品，也会在质量、外观、规格、型号等方面产生不同的需求。如今，许多消费者购买商品不仅是为了满足物质方面的需要，更重要的是为了表现他们的生活方式，满足其心理需要（显示其身份、地位或追求时髦等）。因此，企业可以按照这些"心理变量"来细分市场，设计不同的产品或服务，安排不同组合的市场营销策略。许多企业都从生活方式细分中发现了具有吸引力的市场机会。

（二）个性因素

每个人都有影响其购买行为的独特个性。其个性通常可以用自信心、控制欲、自主意识、顺从、交际性、防守性和适应性等特征来描述。在能够区分出不同的个性，并且在特定的个性与产品或品牌的选择之间存在很强相关性的前提下，那么这种个性就可以成为细分消费者市场的心理变量。

当今世界，许多消费者购买商品不仅是为了满足物质方面的需要，更重要的是为了表现其个性特征，因此，越来越多的企业按照消费者个性来进行市场细分。

第二节 市场定位与消费者心理分析

一、市场定位概述

企业一旦选择了目标市场，就要在目标市场上进行产品的市场定位。市场定位是企业全面战略计划的一个重要组成部分，它关系到企业及其产品的个性和特点。因此，市场定位的实质就是差异化营销。

市场定位，就是企业根据市场特性和自身特点，确立本企业与竞争对手不同的个性或形象，形成鲜明的特色，使消费者产生特殊的偏爱，从而在市场竞争中获得优势。"在竞争激烈的现代市场环境下，消费者的复杂性、多样性和企业能力的有限性成了一对矛盾，而市场定位是解决这对矛盾的最佳途径。"①

（一）市场定位的基本步骤

1. 明确自身优势

企业要明确自身资源所具备的可能优势，明确在满足市场需求方面的可能优势，以及与竞争者的比较优势。

第一，分析顾客对企业产品的评价，也就是要研究顾客究竟需要什么样的产品，最关心产品的什么特点，哪些产品要素是顾客购买决策的主要影响因素。分析顾客最重视的产品特色，对企业的市场定位十分关键。

第二，企业要分析自身的资源特点。一方面，企业资源是有限的，只能重点集中于某些方面，要在明确顾客需求的前提下发挥资源优势；另一方面，要注意企业资源与其他竞争者资源的比较优势。

第三，企业要分析竞争者的定位特点。企业必须了解竞争者的产品特点、市场营销策略、市场定位。即使企业定位与竞争者定位相似，也要明确自己的定位与竞争者的差别及优势和劣势。

2. 选择竞争优势

并非所有的竞争优势在定位时都有用，并非所有的差异化定位对企业来说都是值得推广的。企业定位的成功与否，在于企业能否抓住其中最重要的优势并加以传播。因此，企业在进行产品定位时，应选择最重要的竞争优势。

一般来说，适用于产品定位的竞争优势应符合下列要求。

（1）重要性：对消费者是最重要的。消费者倾向于记住和选择能满足自己迫切需求的、符合其态度与信念的产品，凡是消费者在购买时最关心的因素均可以用于定位。

（2）独特性：能够与竞争产品区别开的。企业应认真分析竞争者的市场定位，其产品有哪些独特性，哪些独特性是竞争者所没有的，从中寻找与众不同或优于竞争产品的特点。

---

① 史钧竹：《从消费心理看市场定位的必要性》，载《广西轻工业》2010年第26期，第108-109页。

(3) 优越性：明显比现有产品优越的。市场上有许多产品都能满足消费者的某种需求，一个产品的特点只有明显优于其他同类产品，才能有效地吸引消费者。例如，对于电视机来说，若仅凭低于其他品牌十几元的价格强调价格的优势，显然是微不足道的。

(4) 优先性：不易被模仿的。通常那些在技术、管理和成本控制等方面有一定难度，不易被其他企业模仿或超越的竞争优势较适宜于定位。

(5) 沟通性：可以跟消费者沟通的，消费者可以亲身体验到的。

(6) 承担性：消费者的支付能力足以承担。

(7) 赢利性：能够给公司带来利润收益。

3. 精准传播企业的定位观念

企业在做出市场定位决策后，还必须采取有力的措施向目标消费者大力开展广告宣传，把企业的定位观念准确地传播给潜在的购买者。

（二）市场定位的常用策略

企业常用的市场定位策略主要有以下几种：

1. 避强定位

避强定位策略是指企业力图避免与实力最强或较强的其他企业直接发生竞争，将自己的产品定位于另一市场区域，使自己的产品在某些特征或属性方面与竞争对手有比较显著的区别。避强定位策略的优点是能够使企业较快速地在市场上站稳脚跟，在消费者或用户心目中树立起形象，市场风险较小，成功率较高。其缺点主要是避强，往往意味着企业必须放弃某个最佳的市场位置，这很可能使企业处于最差的市场位置。

2. 迎头定位

迎头定位策略是指企业根据自身的实力，为占据较佳的市场位置，不惜与市场上占支配地位的竞争对手发生正面竞争。迎头定位可能引发激烈的市场竞争，因此具有较大的风险性。迎头定位策略在企业案例中屡见不鲜，例如可口可乐与百事可乐、柯达与富士、汉堡王与麦当劳等。

3. 重新定位

重新定位策略是指企业对市场进行重新定位。这种重新定位的原因可能是市场的变化、顾客需求的变化、竞争的加剧等。因此，重新定位的目的就在于使企业摆脱困境，重新获得市场活力。

(三) 市场定位的一般方法

1. 档次定位方法

品牌价值是产品质量、消费者的心理感受及各种社会因素如价值观、文化传统等的综合反映。定位于高档次的品牌，传达了产品（服务）高品质的信息，同时也体现了消费者对它的认同。档次体现实物之外的价值，如给消费者带来自尊和优越感。高档次品牌往往通过高价位来体现其价值，如劳力士手表，价格高达数十万元人民币，是手表品牌中的至尊，也是财富与地位的象征。拥有它，就可以展示自己是一名成功人士或上流社会的一员。正因为档次定位综合反映品牌价值，不同品质、价位的产品不宜使用同一品牌。如果企业要推出不同价位、品质的系列产品，应采用品牌多元化策略，以免使整体品牌形象受低劣产品影响而遭到破坏。

2. USP定位方法

USP即"独特的销售主张"，表示独特的销售主张或独特的卖点。USP具有三种特质：包含特定的商品利益，是独特的、唯一的、和销售有关的（促销因素），品牌向消费者提供的利益点是其他品牌无法提供的、独一无二的。

3. 使用者定位方法

使用者定位按照产品与某类消费者的生活形态和生活方式的关联作为定位。使用者定位可以将品牌个性化，从而树立独特的品牌形象和品牌个性。

4. 类别定位方法

根据产品类别建立的品牌联想，称作类别定位。类别定位力图使消费者心中产生该品牌等同于某类产品的印象，成为某类产品的代名词或领导品牌，消费者有了某类特定需求时就会联想到该品牌。企业常利用类别定位寻求市场空间或潜在消费者，其中的一个方法是设想自身正处于与竞争者对立的类别或是明显不同于竞争者的类别，看消费者是否会接受自己的产品。

5. 比附定位方法

比附定位是以竞争者品牌为参照物，依附竞争者定位。比附定位的目的是通过品牌竞争提升自身品牌的价值与知名度。

6. 文化定位方法

将某种文化内涵注入品牌之中，形成文化上的品牌差异。文化定位不仅可以大大提高品牌的定位，而且可以使品牌形象独具特色。

7. 属性、利益定位方法

产品本身的属性及由此获得的利益、解决问题的方法及对消费者需求满足的程度，能使顾客感受到它的定位。例如，在汽车市场，日本的丰田侧重于经济可靠，而瑞典的沃尔沃则讲究耐用。

在有些情况下，新产品更应强调某一种属性。如果这种属性是竞争者无暇顾及的，那这种策略就容易见效。

二、市场定位中的消费者心理

如前所述，市场定位是以产品或服务为出发点的，但定位的对象不是产品本身，而是潜在消费者的心理。这就是说，要使公司的产品或服务在消费者的心目中占有一个独特的、有价值的位置。具体地讲，就是企业要从各方面为自己的产品或服务创造特定的市场形象，使之与竞争对手显示出不同的特色（产品差异化），以求在目标顾客心目中形成一种特殊的偏爱。

如果定位所体现的差异性与消费者的需要相吻合，那么企业的产品或品牌就能保留在消费者的心中。

定位中的差异性可能来自本企业的产品与竞争对手的产品之间的区别，如七喜和可口可乐之间的差别是不含咖啡因；差异性也可能来自本企业众多品牌之间的区别，如宝洁推出的海飞丝、飘柔、潘婷三种洗发水，其差别在于去头屑、柔顺、营养三个方面。当然，企业与竞争对手的差别可以包括很多有形或无形的因素。企业与竞争对手的差别越多，越容易确立定位优势，其产品形象就会越突出。

第六章 基于消费者心理与行为的营销组合策略

第一节 价格的心理机制及有效策略

一、消费者对价格的心理机制解读

(一)价格对消费者产生的影响

价格的制定、调整和价格总水平的涨落,调节着市场供求和企业的经营活动,同时也影响和制约着消费者的消费活动。

实践证明,在影响消费者心理与行为的诸因素中,价格是最具刺激性和敏感性的因素之一。一种商品的价格制定得是否合理,会直接影响消费者对该商品的认可程度和购买行为。因此,价格也是决定商品能否顺利销售的重要制约因素。

当今社会,消费品市场上商品琳琅满目,种类繁多。各种商品的质量、用途、款式不同,价格也不相同。就同一种商品而言,价格也不是一成不变的,如服装价格就因季节变化而经常上涨或下落。商品价格的差异和变动,会直接引起消费者需求和购买行为的变化。商品价格是消费者每天都要直接或间接接触的经济现象。按照市场运行的一般规律,价格与消费需求之间存在此长彼消的反向相关关系,即价格上涨,消费需求减少;价格下降,消费需求增加。但在现实生活中,这一关系时常不为消费者所遵从,反而出现相反的情形。

(二)商品价格对消费者心理的作用机制

消费者在选购商品时,通常把价格与商品的各种要素,如质量、性能、品牌、包装等综合起来加以评价比较，在此基础上决定自己是否购买。然而在上述各种比较因素中，就对消费者的影响而言，价格又有着与其他商品要素不同的心理作用机制。

1. 以价格衡量商品品质与内在价值

根据经济学原理，商品价格是价值的货币表现，商品价值是价格的内在尺度，价格围绕价值上下波动，并最终趋向于价值。商品价值凝聚了生产过程和流通过程中活劳动和物化劳动的时间耗费。从理论上讲，消费者在选购商品时应以商品的价值为尺度来判断是否购买。然而，人们常常看到，有些内在质量相似的商品，由于包装、装潢不同，价格相差较多时，消费者却宁愿购买价格高的商品；而对于一些处理品、清仓品，降价幅度越大，消费者的心理疑虑越重，越加不愿问津。

类似现象的产生，是由于价格的心理作用机制在产生影响。一方面，由于商品信息的不对称性，即商家所获得的商品信息量多而且较为准确，消费者所获得的商品信息量不但少，而且常常是失真的、被刻意误导的。因此，消费者实际上很难了解并判断商品的真正价值。另一方面，由于消费者购买行为的非专业性，即消费者缺乏对各类商品知识的了解，缺乏判别商品真伪和优劣的标准，并且也不具备相应的手段。随着新技术、新工艺和新产品层出不穷，商品种类急剧增加，商品品质日益提高，消费者更难依靠传统经验，根据使用价值来判断商品品质的优劣，也很难根据价格的理论构成来判断商品价值的大小。因此，消费者在选购商品时，总是自觉或不自觉地把价格同商品品质及内在价值联系起来，把价格作为衡量商品品质优劣和价值大小的最重要尺度。他们往往会认为，商品价格高，则意味着商品的质量好、价值高；商品价格低，则意味着商品的质量差、价值低。所谓"一分钱，一分货"；"好货不便宜，便宜没好货"，便是消费者在现实生活中通常奉行的心理准则。

可以预见，未来消费者在心理上把商品价格作为衡量商品价值高低和品质优劣的标准的情形将会越来越多。

2. 以商品价格反映自我意识

商品的价格不仅表现着商品的价值，而且在某些消费者的自我意识中还具有反映自身社会及经济地位高低的社会象征意义。这就是说，消费者在购买商品的过程中，可能通过联想与想象等心理活动，有意或无意地进行价格比拟，让价格的高低来反映自身的社会经济地位和个性特征，以满足个人的某种社会心理需要。

消费者以商品价格反映自我意识主要有以下几种形式：

第一，反映社会经济地位。有些消费者只到高档、大型百货店或专卖店购买"名、特、优、新"商品,以显示自己的社会地位和经济地位。有些消费者则是大众商店、低档摊位的常客,专门购买折价、过季降价、清仓处理的廉价商品。假若这两类人的行为发生了错位,则第一种消费者会为去低档次的购物场所购物而感到不安,认为有损自己的社会形象;而第二种消费者去高档次购物场所购物,则会产生局促不安、自卑压抑的感觉。

第二,反映文化修养。有的消费者尽管对书法字画缺乏鉴赏能力,却要花费大笔支出购买名人字画挂在家中,希望通过昂贵的名人字画来显示自己具有很高的文化修养,从而获得心理上的慰藉。还有一些消费者本身并不怎么喜欢看书,却要购置大量精美豪华的书籍,以显示自己的博学多才及高品位。

第三,反映生活情趣。一些消费者怕别人说自己落伍,跟不上潮流,即使不会使用计算机,也要花一大笔钱购置一台最先进的计算机作为摆设,希望能够以此获得"与时代同步发展"的心理安慰。另有一些消费者受广告影响,萌发追赶科技潮流的冲动。

3. 以商品价格调节消费者的需求

价格对消费需求量的影响甚大。一般认为,在其他条件既定的情况下,消费需求量的变化与价格的变动呈相反的趋势。价格上涨时,消费需求量减少;价格下降时,消费需求量增加。

通过上述分析可以看出,商品价格对市场消费需求的影响大致可归为两个方面:一是消费者对某种商品的需求越强烈、越迫切,对价格的变动就越敏感;反之亦然。二是价格变动的结果可能使需求曲线向不同方向发展。例如,当某种商品价格上涨时,本来应起抑制购买、降低需求的作用,但消费者出于购买的紧张心理,认为价格还有继续上涨的可能,于是会更加狂热地加入抢购的浪潮,就使得价格上涨反而刺激了购买,促进了消费。

二、消费者价格心理表现与价格判断

价格心理是指消费者在购买商品过程中对价格刺激的各种心理反应及其表现,它是由消费者自身的个性心理和对价格的知觉判断共同构成的。消费者的价格判断既受到其心理因素的制约,也受到销售场地、环境、商品等客观因素的影响。

(一)消费者的价格心理表现形式

1. 习惯心理

由于消费者重复购买某些商品及对商品价格的反复感知,形成了消费者对某些商品价格的习惯心理。在现代市场条件下,消费者往往不直接了解产品生产技术的发展状况,也不一定全面掌握影响商品价值变化的各种因素，因而很难对商品价格的合理性、准确性做出严格判断，而只能以在多次购买活动中逐步体验形成的价格习惯，作为判断所购商品价格合理与否的标准。消费者往往根据习惯价格去联想和对比消费品价格的高低和涨跌。

在消费者心目中，对多数商品的价格有一个心理上限和心理下限。如果某一商品的价格在消费者认定的合理范围内，他们就会乐于接受；超出了这一范围，则难以接受。

2. 敏感心理

由于商品价格直接关系着消费者的生活水平，所以消费者对价格变动具有极强的敏感性。

对那些与消费者日常生活密切相关的商品价格，特别是需求弹性系数较小的商品，消费者的敏感性较高；反之，则价格敏感性较低。

消费者对价格变动敏感心理的反应强度，会随着价格变动的习惯性适应而降低。因此，企业在进行商品价格调整时，对于敏感性较大的商品一次调价的幅度不宜过大，同时还应该选择恰当的价格调整时机，以免引起消费者心理上的过度反应。

3. 倾向心理

倾向心理是指消费者在购买的过程中，对商品价格选择所表现出的倾向。商品价格有高、中、低档的区别。一般来说，价格高的商品品质好、价值高；价格低的商品品质差、价值低。由于所处社会地位、经济收入、文化水平、个性特点的差异，不同类型的消费者在购买商品时会表现出不同的价格倾向。

现阶段，我国消费者的消费心理明显地表现出多元化特征。既有要求商品款式新颖、功能先进、高档名贵的"求新、求名"心理，又有追求经济实惠、价格低廉的"求实、求廉"心理，还有居于两者之间的要求商品价格适中、功能实用的"求中"心理。如果把以上消费心理按高、中、低分成三个档次，消费者的价格倾向泾渭分明，他们会根据自己的价格心理倾向做出不同的价格选择。

4. 价格感受性

价格感受性是指消费者对商品价格及其变动的感知强弱程度。消费者对商品价格的高与低、昂贵与便宜的认识，不完全基于某种商品价格是否超过或低于他们认定的价格尺度，他们还根据与同类商品的价格进行比较，以及购货现场的不同种类商品的价格比较来认识。这种受到背景刺激因素的影响而导致价格在感受上的差异，就形成了消费者对价格高低的不同感受性。这种感受性会直接影响消费者的价格判断。

在实际销售工作中，如果把同一类商品中的高价商品与低价商品放在一起出售，有时能产生比较好的经营效果。因为,求廉者通过对比感到自己买的商品确实便宜,而求高、求名者则认为买高价货有利于显示自己的身份和地位。

(二) 消费者价格判断

1. 消费者判断价格的主要途径

第一,与市场上同类商品的价格进行比较。这是最简单、最明了,并且被普遍使用的一种判断商品价格高低的方法。消费者眼见为实,直接权衡价格高低,立即就能决定购买或放弃购买。

第二,通过商品的外观、品牌、产地、包装、使用特点、使用说明进行比较价格判断也来自对商品特性的比较。如商品外观是否新潮,品牌知名度如何,产自何地,商品包装是否精良,商品是否易于使用,各种附件说明是否完备,这些都会使消费者产生不同的价格判断。

第三,通过消费者自身的感受体验来判断。消费者在服务产品上多采用这种判断方法。服务是无形的,所以消费者无法通过观察服务本身来判断它的价格,而只能通过接受服务过程中自身的心理体验来衡量它的价格。当然,这些体验还来自服务设施、服务设备、服务人员、场所布局等一切可传达服务特色及优点的有形展示。

2. 价格判断的影响因素

(1) 消费者的经济收入。这是影响消费者判断价格的主要因素。

(2) 消费者的价格心理。前已述及,习惯心理、敏感心理、倾向心理、感受性都会影响消费者在购买商品时的价格判断。

(3) 生产和出售地点。同类商品的生产工艺可能完全相同,但由于产地不同,消费者对价格的判断也不尽相同。其中存在"原产地效应"。消费者一般认为原产地生产的优质商品所定的高价是合理的,而其他产地的商品若是也定高价,则觉得难以接受。另外,同样的商品以同样的价格分别在精品店和超市出售,消费者往往感到后者的价格过高。因为消费者通常对超市商品价格的判断标准较低,而对精品店的判断标准较高。

(4) 商品的类别。同一种商品因不同的用途,可划入不同的商品类别。消费者对不同类别的商品评价标准不同,因而对商品价格的感受也不一样。

(5) 消费者对商品需求的紧迫程度。当消费者急需某种商品而又没有替代商品时,价格即使高些,消费者的感受和判断也会趋于可接受。

(6) 购买的时间。在一些特定时间内购买某些商品,价格可能高,也可能低。对于季节性的商品，消费者往往会认为打折扣是应该的，夏天的服装秋天购买，只有低价才可接受。而另一种情况是，对于具有节日意义的情感性、象征性商品，消费者即使要承受比平时高许多的价格也可接受。

三、商品调价的心理策略与技巧

根据消费者对商品降价和提价的心理与行为反应，企业可以采取相应的降价和提价策略。

（一）商品降价

企业若要对商品进行降低价格的调整，需要注意以下几方面的策略与技巧。

1. 商品降价原因

造成商品降价的原因有诸多方面，如某些商品升级换代造成的过时商品；商品保管不善造成的品质降低；市场行情不明造成的盲目进货；新技术、新材料的应用使成本下降；等等。

2. 商品降价条件

不论出于什么动机和原因，企业总是期望降价后产品的销量能够有所增加或保持一定水平，但如果不具备与消费者心理要求相适应的条件就盲目降价，则可能无法达到预期的降价目的。通常在以下情况下才具备降价的条件：

第一，此类商品的消费者通常较为注重商品的实际性能与质量，而很少将所购商品与自身的社会形象联系起来。此时降价不会使消费者产生自己形象降低的感觉。

第二，此类商品的消费者对价格非常敏感，并不太关注商品的品牌，而主要是根据商品的价格来决策自己的购买行为。此时降价会使消费者感到占了便宜，而不会产生品牌贬值的感觉，影响到品牌价值。

第三，此类商品的消费者对商品的质量和性能非常熟悉，如某些日用品和食品降价后消费者仍能对商品保持足够的信任度，不会产生商品粗制滥造的判断。

第四，制造厂商能够以某些方式向消费者充分说明价格降低的理由，并使他们理解和接受。

第五，制造厂商和商标品牌美誉度高，消费者只有在以较低的价格买到"好东西"时，才会感到满意。

3. 商品降价时机

降价时机选择得好，会大大刺激消费者的购买欲望；选择不当，则会因无人问津而达不到目的。要视具体商品和企业的具体情况而定：①对于时尚和新潮商品，进入流行阶段后期就应降价。②对于季节性商品，应在换季时降价。③对于一般商品，进入成熟期的后期就应降价。④市场领导品牌率先降价，作为竞争对手采取跟进策略。⑤重大节日降价酬宾，如"五一""十一"等节假日。⑥商家庆典活动降价，如新店开张、开业周年、店庆等。⑦其他特殊原因降价，如商店拆迁、商店改变经营方向、柜台租赁期满等。

还应注意的是，商品降价一定要师出有名，不能过于频繁地降价，否则造成消费者对降价不切实际的心理预期，持币等待价格一降再降，或者对商品的正常价格产生不信任感。

4. 商品降价幅度

降价幅度要适宜。幅度过小，不能激发消费者的购买欲望；幅度过大，企业可能会亏本经营，或造成消费者对商品品质产生怀疑。经验表明，降价幅度在10%以下时，几乎收不到什么促销效果；降价幅度至少要在10%～30%，才会产生明显的促销效果。降价幅度超过50%时，必须说明大幅度降价的充分理由，否则消费者的疑虑会显著加强，怀疑这是假冒伪劣商品，反而不敢购买。

5. 商品降价原则

降价必须坚持"一步到位"的原则，千万不要出现价格不断下降的情况，以防消费者产生"买涨不买跌"的心态。多次降价会导致消费者不由自主地产生等候继续跌价的期待。

6. 商品降价技巧

企业在降价的操作方式与技巧上要注意以下问题。少数几种商品大幅度降价，比起很多种商品小幅度降价的促销效果来得好，因为这样更具有轰动效应。商家向消费者传递降价信息的一般做法是把降价标签直接挂在商品上，这样能最大限度地吸引消费者立刻购买。因为消费者不但能一眼看到降价前后的两种价格，或降价金额、幅度，同时还能看到降价商品，眼见为实，从而立即做出购买决策。有的商家会把前后两种价格标签同时挂在商品上，以证明降价的真实性。

（二）商品提价

一般而言，商品价格的提高会对消费者利益造成损害。因此，消费者通常会对商品提价持消极的心理反应,从而影响商品在市场上的销售。但在营销实践中,企业经常迫于各种原因而不得不提价,因而掌握提价策略对企业来说就非常重要。

1. 商品提价原因

商品提价原因包括:①市场商品供不应求;②资源稀缺或劳动力成本上升而造成产品成本提高;③开发新市场;④经营环节增多等。

2. 商品提价条件

正如商品降价一样,要达到预期的提价目的,商品应具备与消费者心理要求相适应的特性。

第一,消费者的品牌忠诚度很高,是品牌偏好者。品牌偏好者通常忠实于某一特定品牌,不因价格上涨而轻易改变购买习惯。

第二,消费者相信商品具有特殊的使用价值,或具有更优越的性能,是其他商品所不可替代的,因而愿意为此支付较高的价格。

第三,消费者有求新、猎奇、追求名望、好胜攀比的心理,为了满足这些心理需要,心甘情愿地为自己所喜欢的商品付出更高的价格。

第四,消费者能够理解并从心理上接受价格上涨的原因,并且能够容忍因价格上涨带来的家庭生活消费支出的增加。

3. 商品提价时机的准确把握

为了保证提价策略的顺利实现,提价时机可选择在以下几种情况:①商品在市场上处于优势地位,不会出现因提价而造成市场份额被竞争对手抢走的局面;②商品刚上市时采取低价渗透策略,现在商品已进入成长期阶段;③季节性商品到达销售旺季;④竞争对手率先提价。

总之,提价应掌握好时机,看准火候,提价后可能会出现大批消费者转向其他品牌,以及分销商因此放弃本企业商品的局面,这就给竞争对手抢占市场提供了可乘之机。若企业提价失败后想再恢复原价,后果将更加严重,单单是企业品牌信誉的损失就足以使企业元气大伤。

4. 商品提价幅度

商品提价的幅度不应过大。幅度过大,会损失一大批消费者。但是提价幅度并没有统一的标准,一般视消费者的价格心理而定。国外一般以5%为提价幅度界限,认为这样符合消费者的心理承受能力。而在我国当前不成熟的市场背景下,某些商品以30%、50%甚至更高的提价幅度出现，也能引起消费者的购买行动。但是企业应尽可能避免大幅度提价情况的出现。

5. 商品提价原则

在提价技巧与方式的选择上，企业有直接提价和间接提价两种形式。直接提价就是按一定幅度提高原有商品的标价。间接提价就是商品的市面标价不变，通过产品本身的变动，实际上提高了价格。企业通常的做法是暗地里更换产品型号或种类变相提价，这种方法多用于家用电器，如减少一些不必要的产品功能等；另外一种是减少商品数量而价格不变，这种方法多用于食品上，如减少食品净含量。企业应尽可能多采用间接提价，把提价的不利因素减到最低程度，使提价不影响销量和利润，而且能被消费者接受。

为使消费者接受上涨的价格，企业应针对不同的提价原因，采取相应的心理策略。这些心理策略包括通过各种渠道向顾客说明提价原因，做好宣传解释工作；帮助顾客寻找节约途径，组织替代品的销售；提供热情周到的"增值服务"，尽量减少消费者的损失等，以求得消费者的谅解和支持，提高消费者信心，刺激消费需求和购买行为。

第二节　营业环境与消费者心理判断

消费者的购买行为通常都是在一定的购物场所或环境中实现的，购物环境的优劣对消费者的心理感受及其购买过程具有多方面的影响。一个好的购物环境会给消费者留下美好的第一印象，引起消费者的购买欲望，进而起到促进消费者购买的作用；反之，原本有购买欲望的消费者也可能会因恶劣环境影响心情，从而打消购买的念头或者到其他地方选购。因此，研究购物环境及其对消费者心理与消费行为的影响，对营销者是一个不可忽视的重要问题。

一、营业环境概述

（一）营业环境的含义理解

营业环境又称购物环境，是购买行为发生的主要场所。

人们所消费的商品主要分有形实物商品和无形的劳务性服务商品，购物环境因此也分为两大类。

一是提供实物商品的商业营业场所。这类营业场所一般具有固定的地点，如百货商场、超级市场、仓储式商场等。但随着互联网技术的发展及现代物流配送系统的完善，非固定场所经营实物商品的网上营业环境也在蓬勃发展。

二是提供劳务服务的营业环境。例如，旅游、饭店、休闲、文化艺术等消费中的特殊营业环境，这一类营业环境可能拥有相对固定的场所，如音乐厅、饭店、旅游景点等，也可能没有相对固定的场所，如信息咨询服务、家政服务等。

（二）营业环境的主要作用

营业环境是消费者认知商品、选择商品、决定购买、接受服务人员服务和推销人员劝导的重要场所。对于劳务服务性商品而言，营业环境是消费者体验消费价值的地点。

消费者进入营业环境时，一般会注意到营业环境的外部特征，进入营业环境后，观察营业环境的内部情况，浏览他们感兴趣的事物；有购买需要的消费者开始寻找、选择商品，或与销售人员进行接触，以获取相关的信息；有些消费者还希望销售人员帮助他们做出选择。由此，消费者的购买行为已经开始了。

在营业环境中，消费者只有实施并完成购买行为，商品从经营者转移到消费者手中，其使用价值才能得以发挥，企业的经营目的才能实现；否则，商品价值和企业的价值都不能实现。消费者在营业环境中的行为与结果，是决定企业经营是否成功的关键。

受营业环境种种因素的影响，消费者的心理及其购买行为可能随之改变。有些因素对消费者的影响作用大一些，有些因素的影响作用小一些；有些因素对消费者购买行为起积极的促进作用，而有些因素会起消极的阻碍作用。所以，营业环境的质量与形象会改变消费者的态度，并进一步影响消费者购买后的评价。

二、营业场所外部环境与消费者心理

（一）不同零售业态的心理影响

商店是消费者购买商品和服务的主要场所。虽然现代商品销售形式日趋多元化，但店铺经营由于具有现场选择、综合服务、功能齐全、能满足消费者多方面需要等优势，因而在各种销售方式中仍占据重要地位，至今仍是消费者购买的主要渠道。因此，商店环境对消费者心理与行为的影响在购物环境的影响中起着主要作用。

现代零售企业类型众多，按经营商品的种类，可以分为综合商店、专卖店；按经营方式可以分为百货商场、超级市场、连锁商店、仓储式商店、便利商店；按经营商品及购物环境的档次可以分为现代的综合商场、高档精品店、中低档大众商店；等等。

不同业态的零售商店以其不同的特点满足了消费者不同的需要，从而对消费者心理及其购买行为产生不同的影响。现代消费者的需要复杂多样，对商店类型的要求和选择也呈现出不同的心理趋向。

1. 大型百货商场的心理影响

大型百货商场一般选址于繁华商业中心，商店规模大，营业面积大多在 $5000m^2$ 以上，采取柜台销售与自选（开架）销售相结合的方式。大型百货商场经营门类广泛，品种齐全，商场设施一流，服务周到，拥有良好信誉，具有较强的综合功能，可以满足消费者的求全心理、选择心理、安全心理及享受心理等多方面的心理需要，同时适应各种职业、收入、社会阶层消费者的心理特性，因而对大多数消费者具有较大吸引力，是消费者集中选购多种商品、了解商品信息、享受购物乐趣的主要场所。

2. 专卖店的心理影响

专卖店是指以专门经营某一品牌或某一大类商品为主，配有丰富专业知识的销售人员和适当的售后服务，满足消费者对某大类商品选择需求的零售业态。具体类型有品牌专营的专卖店；以产品为经营特色的专卖店，如眼镜专卖店、皮鞋专卖店、饰品专卖店等。专卖店因其专业化程度高而见长，能更好地满足消费者对某种特定商品的深层需要，因而在选购单一商品（如汽车、电器、钟表、体育用品等）时，经常成为消费者首先选择的商店类型。

近年来，专卖店正迅速发展为零售业的一种主要业态，尤其是品牌专卖店，与超市一起成为我国近年零售业态发展中的重要趋势。品牌专卖店之所以被消费者认同，主要是基于以下几种消费心理：①专卖店中同一品牌的商品门类齐全，购买方便，并且有完善的售后服务；②专卖店中的商品正宗，杜绝了假冒伪劣，使消费者购买时有安全感；③品牌专卖店，特别是一些高档品牌专卖店，其出售的商品及店内的环境本身就显示了一种消费层次，可以满足消费者自我定位和社会形象认同的需要。

3. 超级市场的心理影响

超级市场是指采取自选的销售方式，以销售食品、生鲜食品、副食品和生活用品为主，满足顾客每日生活需求的零售业态。其主要特点如下。

（1）购物便利。超级市场以食品和日用消费品等消费者最常购买的种类为主，且商品种类齐全，满足了消费者一次性购物的需要，方便了消费者的日常购物；而且其选择的便利性更大大节省了消费者的购物时间，适应了现代社会快节奏的生活方式。

（2）环境舒适。超级市场采用开架式销售，顾客自己挑选商品的经营形式，为消费者提供了更多自由、宽松的购物环境，减轻了像柜台式销售的购物压力，使购物成了一种享受。

（3）为消费者提供自我满足感。超级市场采取消费者自选商品的方式，使其更多地参与购买过程，为消费者提供了较多体现自身能力的机会，满足消费者在购买过程中的参与感，以及发挥其主动性、创造性的心理需要。同时，超级市场采取的开架式销售，减少了顾客与售货人员产生人际摩擦的可能性，改善了商家与消费者之间的关系。

4. 连锁商店的心理影响

连锁商店是零售企业扩张的一种重要形式，因其具有统一经营方式、统一品种、统一价格、统一服务、统一标志、分布广泛、接近消费者等特点，而在众多商店类型中独具特色，受到消费者的青睐。在连锁商店购物，可以使消费者消除风险防御心理，减少比较选择的时间，缩短购买过程。尤其是一些连锁快餐店、便利店（如麦当劳、肯德基、永和等），以其方便、快捷、舒适、便于识别等优势，充分适应了现代消费者求快、求便的心理需要。

5. 仓储式销售的心理影响

仓储式销售是指将零售、批发和仓储各个环节合而为一的经营方式。其特点是批量销售、价格低廉，一反传统销售方式，采用小批量的形式，如成盒、成打地出售商品，因而可以最大限度地节约仓储、包装、运输等流通费用，进而大幅度降低商品的零售价格。所以，尽管这类商场环境设计简单，服务设施较少，但因价格低廉的突出优势，迎合了中低收入阶层求廉、求实的心理需要，因此对多数消费者有强大的吸引力。

（二）商店店门、招牌、橱窗设计和消费者心理与行为

1. 商店店门、招牌、橱窗设计的总体要求

商店的门面主要由店门、招牌和橱窗的造型、色彩以及特色的组合设计构成。消费者对于商店的认识，首先是从商店的外观开始的。门面会给人一种直观、形象、生动的印象。一个商店的门面如果富丽堂皇、精致高雅，那么它销售的商品会给人高档、优质的感觉；如果门面简陋、陈旧，往往会让人感觉产品的质量难以保证。富于设计性的门面，能吸引消费者的注意力，并引发消费者进店浏览的兴趣，进而引发其购物的欲望，因而商店

的门面设计具有重要意义。根据20/80法则，20秒的注意力就能决定80%的印象，生动化、时尚化或独具风格的商店门面设计能够吸引消费者的注意力，使商店在众多店铺中脱颖而出，并反映店铺的定位。

总的来说，商店门面设计，即商店店门、招牌和橱窗设计的基本要求是：①独特。从消费者心理认同角度分析，店铺的门面应该是独一无二的，应具备明显的特定风格。②一致。商店店门、招牌和橱窗设计必须是相适应的，应该与企业的形象识别系统（CIS）相一致。应当根据商店的规模、经营商品的档次及特点、所处的地区的周边环境等设计相适应的店面、招牌和橱窗。例如，大型商店往往采用"三大"的设计原则，即"大店门""大招牌""大橱窗"，给消费者以高档、大方、实力雄厚的印象，利用消费者求名的购物心理，促使消费者产生进店购物的欲望。③鲜明。商店店门、招牌和橱窗设计应力求鲜明，以形成强烈的视觉冲击效果，给消费者留下深刻印象。④醒目。在形体大小和位置上标志还应该做到醒目突出，能够为消费者迅速觉察、发现。比如，商店的招牌在其形体与商店外观保持协调的前提下，应以大型为宜。

2. 商店店门设计和消费者心理与行为

店门是商店的入口，决定了消费者是否打算进入商店、从哪里进入商店以及如何进入商店的问题。店门设计对于吸引消费者视线、激发消费者兴趣、引发消费者的进店兴致有重要作用，因而是店面设计中的重要一环。

店门设计从以下几个方面影响消费者的心理和行为：

（1）店门的开设位置。将店门安放在店中央还是左边或右边，应根据店铺的规模、类型及具体顾客人流情况确定。一般情况下，大型商场设计多个进出口，其中大门需要安置在面向客流量最大的街道的临街店面的中央；而小型商店的店门安置在中央往往是不妥当的，因为店堂狭小，会直接影响店内实际使用面积和顾客流动情况。因而，小商店的店门设置在临街店面的左侧或是右侧比较合理。还有一些宽浅型的小商店可以在左右两侧各设计一门，以方便顾客进出。

（2）店门的开放程度。店门的开放程度要方便顾客进出，满足顾客的便利性，同时要考虑店铺内部的布局特点和经营的商品特点。通常，根据开放程度可将店门分为三种类型：①封闭式店门，即开放度较小的店门。封闭式店门通常适用于经营贵重和精细商品的商店，如经营珠宝玉器、金银首饰、钟表等的店铺。这类商品由于本身的特点，光顾的顾客不会很多，所以安装封闭型的高贵豪华的木质漆门或皮革大门即便规模不大，也不会使人感觉窄小不便，反而会让顾客有一种庄重高贵的感觉。而且由于较为封闭，会营造出一种幽静、舒适、典雅的购物环境，这往往会使消费者感到愉快和安静，而且能够解除他们不安全的顾虑，从而使消费者达成购买行为。当然，对于要求环境幽静的咖啡屋、茶室等也可以采取这种形式的店门。②半封闭式的店门。这种店门比封闭式的店门要大，但又不是全面开放的。通常适用于经营生活用品的大型零售商场，而且很多大型超市也会采用这种形式的店门。这种店门不但能给消费者以安静、舒适、时髦的感受，而且会给消费者宽敞明亮的感觉，营造出一种好的气氛，有利于消费者购买行为的产生。既能够适应较大客流量的需要，又便于店铺内设施的摆放。③全开放式的店门，即把临街的一面全部开放的店门。一般适合于经营水果、蔬菜、海鲜等生鲜食品的食品店及一些销售较快速消费品的日常生活用品商店。这类商品的购买人数较多、客流量大，所以店门相对较为宽阔。使用完全开放式的店门一方面可以方便消费者出入，减少拥挤；另一方面便于消费者在外面就可以直接看到商店内部的商品，从而使其尽快接受来自商品的刺激，产生购买欲望。

（3）店门的设计。店门的设计就是确定店门的材质、风格和形式。店门所使用的材料，以往都是采用较硬质的木材，或是在木质材料外部包铁皮或铝皮，制作较为简便。但近年来，许多新型材料被广泛地应用于店门制作，例如，使用铝合金材料制作商店门。由于铝合金轻盈、耐用、美观、安全、富有现代感，所以有普及的趋势。另外，无边框的整体玻璃门也深受欢迎。由于这种门透光性好、造型华丽，所以常用于高档的电器店、时装店、化妆品店等。在店门的设计风格上，可根据商店的定位及目标顾客的偏好，选择或是豪华典雅、或是简洁雅致、或是时尚现代、或是干净朴实的店门设计。例如，对于日用品小超市或是经营土产日杂等日常生活用品的商店来说，一般在此购物的消费者更注重商品的使用价值和价格，所以门面不需要太过华丽，只要整洁、干净朴实即可吸引目标消费者，从而促成其购买行为。而对于服装、电子产品等时尚类商品的经营店铺，店门应当是开放性的、通透性较强的，设计时应当考虑到不要让顾客产生"幽闭""阴暗"等不良心理，从而拒客于门外。因此，明快、通畅、具有呼应效果的门廊是比较理想的，店门设计应以简洁雅致或是时尚现代为主流风格。

（4）其他方面。在店门设计过程中还应考虑店门前面的路面是否平坦，是水平还是斜坡；前边是否有隔挡及影响店门面形象的物体或建筑；采光条件、噪声影响及太阳光照射方位等因素。根据不同的影响因素选择是采用占地面积较大的旋转门、双层套门还是比较节省用地的单开平推门、双开滑道门或自动门等形式。

总之，店铺的店门设计应具备使顾客愿意停留、感觉有趣，容易诱导顾客进入店铺内部的特点。

3. 招牌设计和消费者心理与行为

招牌是指具有经营单位的名称的装潢广告牌，是用以识别经营单位、招徕生意的牌号。招牌的形式可谓五花八门，既有传统的木质牌匾，也有具有现代感的金属牌匾；既有采用现代喷涂技术制作的美绘式招牌，也有将光学技术应用于招牌制作的灯箱招牌、霓虹灯招牌或 LED 招牌。

商店招牌对消费者心理和行为的影响作用有：①引导与方便消费者。附有商业属性、服务项目的招牌，能把店铺的经营范围或服务项目简练地反映出来，使消费者一目了然。②引起注意与兴趣。形式新颖独特、富有艺术性的招牌，能迅速抓住消费者的视觉，诱发其浓厚的兴趣与丰富的想象。③反映经营特色与服务传统。商店的招牌采用典雅、传统的字号，显得历史悠久、朴实庄严，能引起消费者对店铺经营历史、经营特色和服务传统的联想，使之产生敬慕和信任感。④加强记忆与易于传播。设计独特、易读易记，又与经营特长和服务质量相符合的商店招牌，往往能留给消费者深刻的记忆，在消费者中广为传扬，起到商业广告的作用。

设计精巧的招牌可以给消费者赏心悦目、品位高雅、别具一格、亲切自然等心理感受，从而与良好的命名相得益彰，取得最佳心理效果。因此，在招牌的设计制作过程中应注重招牌的艺术表现形式，常用的招牌艺术表现形式有：①名人或书法家题写店名。这类艺术表现形式适合于采用牌匾式的招牌，能够突出店铺的古朴典雅和体现百年老店的历史文化气息，适合于瑞蚨祥、东来顺等老字号的店铺。②字体与背景的相比鲜明醒目，以吸引消费者的注意力。③采用立体化的艺术造型。④使用霓虹灯、灯箱、电子显示牌等新型材料。在繁华的街头，闪烁的招牌极具诱惑力。⑤招牌与人流方向垂直侧向悬挂。这种形式能够突出企业的招牌，并且错落有致的招牌能够营造繁华热闹的大都市气氛，激发人们的购物热情。

招牌的命名也会对消费者心理和行为产生影响，好的招牌命名便于消费者识别经营单位。因此，招牌命名应该是容易引起注意、易识易记、朗朗上口的，还要适应和满足消费者方便、信赖、好奇、慕名、吉利等心理需要。具体的招牌命名方法有：①以商店主经营的商品命名，使消费者产生直观方便感。这样的招牌可以引导消费者购买，能满足消费者求速、求便的心理。如"南门涮肉""丽湖蒸菜""詹师傅香辣蟹""忠记鞋店""太平洋百货"等。②以名人、名牌商标或象征高贵事物的词语命名，满足消费者求名、求奢的心理。如"水上皇宫""香奈儿""同仁堂"等。③以新颖、奇特的表现方式命名，引起消费者的好奇心理。如"行行行""淘宝屋""梦幻之城"等。④以寓意美好的词语和事物命名，投合消费者的喜庆吉祥的心理。如"鑫源""金丰园"等均寓意财源滚滚。

4. 橱窗设计和消费者心理与行为

橱窗是指以商店所经营的商品为主，巧妙利用布景、道具，以背景画面装饰为衬托，配以合适的灯光、色彩和文字说明，以进行商品介绍和商品宣传的一种综合性广告艺术形式，也是一种美化商业环境的艺术手段。橱窗不仅是店面总体装饰的重要组成部分，而且是商店经营特色的第一展示厅。一个构思新颖、主题鲜明、风格独特、富于想象的商品橱窗，本身就是一件艺术品，不但与商店建筑和内外环境构成一幅有意境的画面，而且可以给消费者一种美的感受，形成一种强烈的视觉冲击，刺激消费者购买。

橱窗设计对消费者购买心理和行为的影响体现在以下方面：

第一，唤起消费者的注意。在选择购买商品的店铺时，有的消费者有明确的店铺选择意向，有的消费者则常常是没有明确的目标。店门、招牌、橱窗都是影响他们店铺选择的要素，而橱窗又是最能引起人们注意的。大多数消费者观看橱窗，往往就是为了观察、了解和评价橱窗里的陈列商品，为选购商品收集信息，以便做出购买决定。因此，商店橱窗设计中最应注意的问题，就是要突出商店所经营的商品的个性，把个性商品的主要优良品质或特征清晰地展示给消费者。

第二，暗示人们使用所展览商品。比如，卖家居用品的商店，把橱窗布置成起居室的样子，陈列一套格调一致的家具模型，再配上色彩协调的窗帘、地毯，形成一幅生动的立体画面。它向顾客暗示，购买这种商品和这样布置最好。商家营造的这种购物环境往往很大程度上刺激了消费者。

第三，唤起消费者的购买欲望。橱窗中的商品不是孤立的，它总有许多陪衬物的烘托，为了突出主题，避免喧宾夺主，就必须从橱窗的整体布局上采用艺术的手法来设计橱窗，使橱窗的整体布局给顾客留下优美的整体印象。应根据商品本身的色彩、题材及季节的变化来安排，给消费者以明快、舒适的感受，满足消费者对美的需要，给其留下深刻的印象，从而激发购买欲望，增强消费者的信心，并付诸购买行动。

第四，启发消费者的联想。在橱窗设计中可以运用抽象几何道具，通过平面、立体、色彩等多元表现手法将生活中多种完全不同的物质或完全不同的形态和情形结合起来，构成完整协调的立体画面，使顾客产生丰富的联想。

橱窗设计与宣传对吸引消费者进店购物有着特殊的功效。因此，橱窗设计必须坚持的原则是：①突出主营商品，传递市场最新商品信息；②构思巧妙，动感性强；③有创造意境，能激发联想；④注意店外环境与店内经营的统一风格。

橱窗的布置方式主要包括以下五种类型：

（1）综合式。即将许多不相关的商品综合陈列在一个橱窗内，以组成一个完整的橱窗广告。这种橱窗布置由于商品之间差异较大，设计时一定要谨慎，否则就给人一种"杂货铺"的感觉。综合式橱窗布置可以分为横向橱窗布置、纵向橱窗布置、单元橱窗布置。

（2）系统式。大中型店铺橱窗面积较大，可以按照商品的类别、性能、材料、用途等因素，分别组合陈列在不同的橱窗内。

（3）专题式。它是以一个广告专题为中心，组织不同类型的商品进行陈列，向媒体大众传输一个诉求主题。可分为：节日陈列，即以庆祝某个节日为主题的橱窗专题；事件陈列，即以某项社会活动为主题，将关联商品组合起来的橱窗，如露营、航海、沙滩度假等；场景陈列，即根据商品用途，把有关联性的多种商品在橱窗中设置成特定场景，以诱发顾客的购买行为，如书房、卧室等。

（4）特定式。是指用不同的艺术形式和处理方法，在一个橱窗内集中介绍某一产品，包括单一商品特定陈列和商品模型特定陈列等。

（5）季节性橱窗陈列。根据季节变化把应季商品集中进行陈列，如冬末春初的羊毛衫、风衣展示，春末夏初的夏装、凉鞋、草帽展示。这种手法满足了顾客应季购买的心理特点，用于扩大销售。但季节性陈列必须在季节到来之前一段时间预先陈列出来，向顾客介绍、展示商品，才能起到应季宣传的作用。

应该注意的是，衡量橱窗设计及相关空间好坏的直接标准就是看商品销售的好坏。让顾客最方便、最直观、最清楚地"接触"商品是首要目标。因此，进行橱窗设计之前首先要对商店所销售商品的形态与性质进行分析，从而能够有效地利用各种人为的设计元素去突出商品的形态和个性，而不能喧宾夺主。

三、营业场所的内部环境与消费者心理及购买行为

（一）商店内部装饰

商店内部装饰是指商店内部的建筑形式、装饰风格、设施、柜台摆放、商品陈列、色彩、照明、音响、通风等状况的综合体现，它构成了商店的内部环境。就对消费者购买心理与购买行为的作用而言，商店内部装饰在整体购物环境中起着主导的决定性作用。

1. 商店内部的建筑形式

（1）商店店门

店门是商店内部与外部的分界线,也是消费者进入商店的必经之路。对店门形式与大小的选择,不仅应利于消费者进出,还要从内部装饰的角度考虑对消费者购买心理的影响。

店门按开放程度可分为封闭型、开放型、半开放型三种类型。封闭型店门指商店在营业时,消费者必须自己开启才能出入的店门。这类店门一般常用深色玻璃或雕花玻璃,在街上看不见商店内部。封闭型店门可以使商店内部的购物气氛显得安静、高雅。经营珠宝玉器、金银首饰、古玩字画等专业商店经常采用此形式。开放型店门是指将商店前面平顺开放,消费者在街上便可直接看到商店内部全貌。其特点是营业时间无店门,顾客出入方便。半开放型店门指第一道门是敞开型店门,第二道门是封闭型店门。有些大型商场,根据季节和客流量变化调节大门的开放程度。

(2) 建筑的使用功能和辅助设施

室内高度和空间设计:商店的室内高度要与面积相适应,要保证通风和采光。多层商店,底层设计应较高,以免使消费者产生压抑感;同时,底层客流量大,对通风量的要求高。空间结构可采用丰富多变的设计手法。

音响效果:商店的音响效果虽然不能用音乐厅的标准来衡量,但是也要尽可能做到顾客少的时候无回声,顾客多的时候不嘈杂。

设计时要考虑柜台摆放:要设计合理的柜距,以利于柜台的摆放和商品的陈列。

楼梯:合理的楼梯设计应以方便消费者上下行走为原则,要尽可能扩大客流量。

辅助设施:指商店内为消费者提供非商品销售的服务性设施,如临时幼儿寄托室、休息室、问询处等。

2. 色彩

色彩是指商店内部四壁、天花板和地面的颜色。心理学研究表明,不同的色彩能引起人们不同的联想和情绪反应,产生不同的心理感受。一般来说,商店内部装饰的色彩以淡雅为宜,会给人以宁静、清新、轻松怡人的感觉,同时也容易突出陈列的商品,达到浓淡相宜、色彩协调的整体效果;反之,配色不适当或者色调过于浓重,会喧宾夺主,使人产生杂乱、沉重的感觉。

3. 照明

照明直接作用于消费者的视觉。营业厅明亮、柔和的照明,可以充分展示店容,宣传商品,吸引消费者的注意力;可以渲染购物的气氛,调节情绪,为消费者创造良好的心境;还可以突出商品的个性特点,增强刺激强度,激发消费者的购买欲望。

（二）商品陈列

商品陈列是指柜台及货架上商品摆放的位置、搭配及整体表现形式。商品陈列是商店内部陈设的核心内容，也是吸引消费者购买商品的主要因素。虽然商品陈列会因行业的不同、经营品种不同、营业场所构造不同而有所差异，但有一点是相同的，即商品陈列本身就是商品广告，摆放得体的商品本身就是激发消费者购买欲望的有力手段。

1. 商品陈列的要求

第一，方便顾客观看。柜台设置的高度要适应于消费者的习惯高度。如果商品摆设位置过高，顾客仰视时会比较费力，给顾客造成的心理距离较大；如果商品摆放的位置过低，顾客需要低头寻找商品，在人多拥挤的情况下顾客不容易发现这些商品，减少了商品被人注意的机会。

第二，方便顾客行动。布置营业柜台时，有些单位在有意无意之中会犯一个常识性的错误，即柜台设置出现"死胡同"现象，顾客沿一个方向观看了一面柜台的商品后，必须折回来再观看一遍商品才能走到另一组商业柜台，他们以为这样回来一遍可以增加顾客观看商品的机会。其实这种布置方式是不可取的，顾客折回来观看商品，必须与走入这组柜台的顾客相遇，造成柜台内顾客人数增加，出现给来往的顾客都带来了拥挤忙乱等不方便的现象。有些消费者只是观光性地浏览闲逛，并没有购物计划，他们一见"死胡同"般的柜台布置会立刻往外走，结果反而减少了顾客观看商品的机会。因此，应避免这种布置方式。

第三，方便顾客挑选。如果消费者不能直接看到或触摸商品，陈列中只有价格，而较少有其他说明，这样容易使消费者产生怀疑而导致购买欲望下降。因此，商品陈列应尽可能做到裸露摆放，同时要有价格、货号、产地、性能、规格、质量等级说明，便于消费者观看、触摸和比较，以增强其对商品的感性认识。

2. 商品陈列的形式

（1）逆时针陈列商品法。逆时针陈列商品法是把商店经营的商品按逆时针旋转的方向有序陈列。在实际调查中发现，90%以上的顾客总是有意无意地按逆时针方向行进。男顾客更是如此，把商店经营的商品分主次按逆时针方向陈列，有助于消费者更好地选购商品。一些经营品种较多的大型百货商店和超市，通常是把日常生活用品陈列在商店入口处的逆时针方向，这样顾客进店后很快便能找到自己所要的商品。

（2）同类商品的垂直陈列法。同一类型或同一种类的商品，可以在货架上一层层上下垂直陈列。这样，既节省空间又方便顾客寻找。如把小型号的服装放在最上层，中型号的放在中层，大型号的放在最下层。

（3）相关商品陈列法。这种方法要求将相关商品陈列一处。如卖鞋的柜台，可以同时陈列鞋垫、鞋带、鞋油、鞋刷等商品。文具店柜台可以将笔墨纸砚放在一块儿陈列。

（4）季节陈列法。对于不同季节消费的商品，要按季节的变化进行陈列。一般应把应季销售的商品放在最佳位置，以吸引消费者的注意力。

（5）专题陈列法。专题陈列法是指结合某一事件、时期或节日，集中陈列应时适销的连带性商品的做法。如中秋节，食品店中的月饼专柜。

四、服务环境与消费者心理及其购买行为

营业环境中的服务，既包括销售商品时提供的直接服务，比如服务人员的接待方式、结算、送货系统等；也包括方便顾客购物与消费，并获得最大满意度而提供的配套服务体系，比如寄存、小憩等服务项目。

（一）服务人员

1. 注重购买过程的心理沟通

下面以一次购物消费为例，分析服务人员与顾客的沟通过程。

顾客进入购物消费环境，主要分三种情况：一是有明确的购买计划。消费者走进营业环境之前，已经想好了需要购买的商品，进入营业环境之后，头脑里主要的意识集中在他们希望购买的商品上。二是只有购买动机而没有明确的购买计划。消费者进入营业环境之后比较散漫地寻找商品或服务，被各种营销因素所吸引，逐渐有了明确的决策并实施消费行为，还有可能产生新的消费愿望，进而促成新的消费行为。三是进入营业环境之前，头脑中没有任何购买动机。消费者只是在浏览闲逛过程中被商品和促销形式所吸引并对商品发生兴趣，产生购买消费愿望，形成购买动机，进而实现购买行为。

服务人员在这个过程中，要与顾客进行有效的心理沟通并提供优质服务，应做好如下几方面工作：

（1）接待。接待服务是对顾客到来的一种表示，接待的形式多种多样，营业员自然而甜蜜的微笑，常常能令顾客产生良好的信赖感。营业员还需要与顾客进一步地交流和沟通。有些营业员在刚刚接待顾客时就问一句"买点什么"或"您要点什么"，这种问话方式是服务素质较低的表现，是不能正确地理解顾客心理的行为。许多刚进入营业环境的顾

客仅仅注意到了商品而没有认识也没有联想思维，就立即被询问"要点什么"，让其明确表示购买动机和决策，这是很困难的，还有可能会使持闲逛浏览心理的潜在顾客以后不再来光顾，以致失去购买机会。

（2）展示。展示商品是营业员的第二步工作，它指向顾客展示商品陈列的位置，指引顾客如何观看商品。热情地向顾客展示商品，是增进顾客信赖感的有效方法。

（3）介绍。营业员要向消费者介绍商品的功能、结构特点、使用方法与其他商品相比所表现出来的优点、商品的价格、购买这种商品之后会得到什么样的服务、维修服务的情况如何等。营业员向顾客介绍商品的情况时，态度应该热情自然，客观而准确，不能有欺骗顾客的现象，要力求让消费者产生信赖感。

（4）推荐。顾客对于商品有了一定程度的了解和认识之后，可能已经进入购买决策阶段，会考虑选择哪一种更好，此时营业员可以用带有推荐性的语气向他们介绍其中某些商品。比如，"这种式样更适合您"等，可以对商品的功能和特点进行比较，利于顾客较迅速地做出选择。

（5）促进。如果顾客处于买与不买的两难过程，营业员可以适当地用一些语言和行动来促进他们做出决定。比如，向顾客介绍商品价格、质量、包装、功能、服务等方面的优越性，询问他们是否急需这种商品，在别的地方购买是否方便，还需要提供什么样的服务，如果需要其他的服务形式还可以与营业环境的负责人具体商量等，这些方法可以打消顾客的某些顾虑，促使顾客迅速做出购买的决定，也可能中止一些不适宜的购买行为。有些顾客的购物经验较多，若以欺骗性的手段来诱导顾客购买，则很难与顾客建立信赖关系。

（6）成交。成交时，营业员应点清交付的现金与其他支付工具，为顾客准确填写购物发票，为顾客指明交纳现金的地点，为顾客选好需要购买的商品，将商品包装好并打好包装袋或准备好包装袋，为顾客详细地说明售后服务的内容和服务的地点等。成交过程应尽可能有条不紊地快速完成，避免与顾客过多交谈，以免节外生枝，消费者突然改变购买意图。

（7）送客。成交工作完成之后，营业员向顾客说"欢迎您再次光临""欢迎您再来""欢迎您对我们的工作提出意见"等一类的礼貌用语，会给顾客留下一个良好的回忆。

2. 营业员与消费者的互动

在营业员与消费者的接触和交易过程中，各自表现出不同的态度。这种在营业现场偶然、短暂的接触中所表现出来的态度，是双方的积极程度与情绪水平的结合。这种结合归纳为以下四种互动状态。

第一种：情绪好与积极性高的结合。在这种状态下，表现为愉快兴奋、积极性高、乐于交往、待人友善、活力很强。意味着消费者有兴致购买商品，营业员也有良好的服务态度。

第二种：情绪好与积极性低的结合。在这种状态下，表现为安闲温和、精力不足、动作迟缓。意味着消费者从容不迫、耐心宽容、细心谨慎。营业员表现为冷热适中、不卑不亢、缺乏主动交际精神。

第三种：情绪不好与积极性高的结合。在这种状态下，表现为动辄发怒、苛求于人。显然，消费者与营业员都容易失去理智，买卖活动存在着潜在的冲突。

第四种：情绪不好与积极性低的结合。在这种状态下，表现为孤僻冷漠、漫不经心、无所事事、无精打采。显然，消费者与营业员都提不起精神，在无所谓地消磨时间。

3. 对消费者抱怨的妥善处理

消费者的抱怨是每个营业员都可能遇到的情况，再好的产品也难免会遇到爱挑剔顾客的抱怨。营业员不应该粗鲁地对待消费者的抱怨，其实这种消费者可能就是你永久的买主。正确地处理消费者抱怨，能够提高消费者的满意程度，增加消费者认准品牌购买的倾向，并可以获得丰厚的利润。

倾听消费者的不满，这是销售过程的一部分，而且这一工作能够增加营业员的利益。对消费者的抱怨不加理睬或错误处理，将会使营业员失去消费者。一般地，消费者有了抱怨在营业员那里得不到倾诉，回去后会向其亲友倾诉，给营业员造成今后营销工作更大的损失。对于营业员来说，让消费者说出来，既可以使消费者心理平衡，又可以知道问题所在，从而对目前存在问题做及时修正，避免以后出现类似问题招致消费者的不满。

（二）便利服务

一般而言，便利服务是进一步提高顾客满意度的促进因素，比如宽大的休息空间、比较方便的公共卫生设施等。有些便利服务可能是决定某些顾客是否光临的首要因素，比如营业时间、寄存服务等。便利服务可体现在如下几个方面：

第一，建立覆盖面广、高效运作的售后服务网络。企业可以通过建立广泛的服务网点、开通免费电话等方式，向顾客提供及时有效的售后服务。同时，现代企业通过服务创新，向消费者提供超过其预期的、更加周到的售后服务。如送货上门、"三包"服务、安装服务、包装服务、提供知识性指导及产品咨询服务。

第二，营业时间。因现代社会的生活方式越来越多元化，消费者购物的时间安排需要有较大的灵活性，营业时间亦成为影响顾客满意度的因素之一。因延长营业时间或轮班可能会增加零售商的成本支出，这就对经营单位的时间安排和管理提出了更高的要求。

第三，支付系统。支付系统是支撑各种支付工具的应用，实现资金清算和完成资金转移的通道。改革开放四十年来，我国支付体系发生了翻天覆地的变化。目前国内的支付系统以第三方支付为主，包括支付宝、云闪付、微信支付等。

第四，餐饮休息室。营业环境里设置小型的冷饮室，让顾客坐下来喝点饮料，缓解一下疲劳，这种设计显得周到。在人群拥挤的营业环境中，空气质量不高，人们很容易感到疲劳，顾客一旦累了，又找不到适当的方式休息，一般性反应是尽快离开这种环境，而设置一两个餐饮厅，虽然可能会减少少量的营业面积，但是将顾客留在现场继续购物却大有益处。

第五，寄存服务。这是一项比较重要的项目。由于我国特殊的国情，交通条件还不可能在短期内得到较大的改善，人们购买商品时不得不走较远的路程、携带较多的其他物品，这些因素给顾客继续购物带来了许多不便。营业环境中如果能增加寄存一类的服务，会大大减轻顾客购买时的负担。

第六，公用电话或手机充电服务。设置公用电话是方便顾客购物的基本条件之一。顾客遇到紧急的事情，在营业场所打一个电话就可以处理好，即使购买与消费出现了困难，也可以通过电话很快地加以解决。现在大多数顾客都带有手机，但出门在外往往会遇到手机电量不足或突然断电的现象，如果设置手机充电的服务，不但能使顾客感受到该商店周到的服务，更可以使顾客心无旁骛地专心购物，以免因担心与外界失去联络而匆匆离去。

第七，公共厕所。营业环境不论大小都应该设置公用厕所，这不仅是商业营业环境的基本要求，也是社会文明的基本要求。有些营业场所虽然设置了公共厕所，但厕所内臭气熏天，苍蝇乱飞，经营单位既不能定期维护，也没有洗手水、卫生纸之类的辅助用品。这个问题不仅给顾客造成了不方便，也影响了服务质量。

第三节　广告的心理功能与诱导策略

广告是一种面向目标市场消费群体和社会公众的支付费用的传播行为，具有认知、诱导、教育、便利和促销等心理功能。广告的目的在于通过信息的传播促使消费者认知产品，形成对产品及品牌的深刻印象，达到促进销售的目标。为此，有必要从消费心理的角度来研究广告的心理功能及诱导方式。

一、广告的心理功能

广告的心理功能是指广告对消费者所产生的作用和影响。广告作为促成企业与消费者之间联系的重要媒介，具有以下心理功能：

（一）认知功能

认知功能是指广告向消费者公开传递有关商品的性能、质量、用途、品牌、销售服务等信息，使消费者对其有所认识、了解，并在头脑中形成记忆，留下印象。

广告媒体采用多种传播渠道和传播形式，能够打破时间、空间的局限，及时、准确地将商品或服务的信息传递给不同地区和不同层次的消费者，广泛影响并增强他们对商品或服务的认知。

（二）诱导功能

广告的诱导功能包括两个方面：一是广告能够唤起消费者美好的联想，给予其某种美的享受，从而改变消费者对商品的偏见或消极态度，激发其购买欲望和动机；二是广告能够迅速有效地吸引消费者的注意力，进而激发其对新产品的兴趣和向往，形成新的消费需要，促进购买实现。

（三）教育功能

广告的教育功能体现在：首先，广告能够增加消费者的商品知识。质量优良的广告以其科学、文明、健康、真实的内容和表现形式，可以向消费者传输商品知识，引导消费者树立合理的消费观念。其次，广告能够给消费者以美的教育。设计巧妙、制作精良的广告通过各种艺术表现形式，使消费者在获得信息的同时丰富精神生活，得到美的享受。在现代社会，广告已经成为人们经济文化生活的一部分，是一种雅俗共赏、一举多得的美育方式。

（四）便利功能

在现代的商品社会中，商品的种类和数量不计其数，新产品日新月异，层出不穷，完全替代和半替代产品荟萃云集，如果没有广告的介绍和指导，消费者面对众多的商品将手足无措。

广告的便利功能是指广告能及时、反复地传播商品或服务的信息，便于消费者收集有关资料，对各种商品进行较为充分和有效的比较，为购买决策提供充分依据，从而替消费者节约购买时间，减少购买风险。

（五）促销功能

广告作为营销组合中不可或缺的重要因素，具有显著的促销功能。广告通过对商品或服务的宣传，把有关信息传递给目标市场消费者，达到诱导消费者注意和产生购买动机的目的，从而促进购买行为的实现。

二、广告传播的载体与方式

（一）广告传播的信息载体

广告传播的信息载体包括语言、文字、画面和图解、实物、示范、空白及人物等。

1. 语言

语言是人类用来表达思想、交流意见的工具，它是由语言、词汇和语法构成的完整系统。语言是广告传播方式中最常用的一种，它运用范围广泛，涉及领域众多，具有极强的穿透力和影响力。例如，"农夫山泉有点甜"这句广告语，以消费者的口感承诺作为差异化诉求，借以暗示水源的优质，从而形成了消费者对农夫山泉的感性偏好。用语言表达广告内容，要做到"三言"，即言出达意、言简意赅、言不虚发。需要指出的是，语言缺乏形象表现力，无法形成全方位冲击，因此应与其他诱导方式配合使用，以增强感染效果。

2. 文字

文字是语言的书面表现形式，也是经常采用的一种广告诱导方式。文字广告的形式一种是单一的文字广告，即只以文字宣传产品，多见诸报纸广告及户外广告。例如，日本丰田汽车以"车到山前必有路，有路必有丰田车"的广告词赢得了众多消费者的首肯。另一种是对产品内容的解释、说明，出现在封面、插图、包装等位置，起提示说明作用。与语言相比，文字是一种被动的宣传方式，它被认知的前提，一是认知者要有一定的文化水平；二是消费者的主观意愿，即是否愿意认知。只有在上述前提下，文字广告宣传才能达到诱导目的。不过，文字广告可以长期保留，便于反复记忆，因此有独特的效果。

3. 画面和图解

画面和图解是一种非语言文字形式,具有生动的直观形象性。采用画面和图解作为诱导方式,可以通过视觉形象传递信息,形成直观感受,补充语言文字的不足。

第一,通过画面向消费者展示产品,传播观念,可以达到"此时无声胜有声"的境界。画面广告的形象表现力很强,容易使消费者产生相关联想,从而加深对商品的认识,此外,它还极具艺术感染力,能够营造美的氛围。

第二,图解是运用表格或者图形解释宣传商品的诱导方式,在房地产广告中经常使用,如立体解剖图、平面图等。图解广告可以客观、真实地宣传商品,提高消费者对广告内容的信赖程度,形成正确认识。

4. 实物

实物广告包括产品巨型模型广告和实物尝试广告。

巨型模型广告是指把要推向市场的产品放大后展现出来,以使消费者倍加关注。例如,不少保龄球馆在其门口竖立放大多倍、有数人之高的保龄球瓶,十分显眼。又如,美国加利福尼亚州一家经营开山机械的公司,把营业总部大楼设计成一台开山机械的造型,楼前还堆筑了一座假山,从高速公路上远远望去,仿佛一台巨大的开山机械正在工作,从而形成一种永久性广告。

实物尝试广告主要包括食品的品尝和日用品的试用,如试用手机、试听音响等。采用这种诱导方式可以迅速缩短消费者与商品之间的距离,使消费者亲身领略商品的功效,从而直接引发商品体验和购买欲望。例如,家乐福超市经常摆放切好并插上牙签的熟食,供消费者免费品尝,很多消费者就是在品尝后做出购买决定的。

5. 示范

这是通过销售人员的演示使消费者了解商品性能、用途的一种诱导方式。这种方法对新产品的宣传尤其有效。现实生活中,许多商品不被认可的重要原因之一就是消费者缺乏对其的了解。进行示范宣传可以使消费者对商品一目了然,形成正确认知,进而激发购买欲望。适合进行示范性宣传的商品尤其以穿、用商品占多数。身着时装的模特、健身器械的示范操作等,都可产生直观有效的说服效果。

6. 空白

空白是利用时间的短暂停顿和空间的局部空白引起消费者的注意,达到广告宣传的目的,这是广告传播的一种独特的诱导方式,它能产生意想不到的心理效果。例如,中国人寿保险公司曾经做过一个户外广告,广告牌是倾斜的,好像随时会掉下来,广告牌白色的背景中间只有一行小字"人生难免有意外……",要倒下的路牌吸引了人的注意力,大量的留白再配以简练的文案和不规整的造型是这则广告的成功之处。当然这则广告的深刻之处还在于它所表现的主题"人生难免有意外……",意外?人生究竟会有什么意外?省略号的运用发人深省,一切留给受众自己去揣摩、去想象、去感受。

7. 人物

这是借助名人、明星的权威效应和巨大的影响力来说服、引导消费者的一种诱导方式。名人、明星在社会生活中具有特殊地位,是人们崇拜和模仿的对象,他们的消费行为和劝说语言具有极强的感染力和示范效应,常常成为时尚的领导者。

（二）广告的传播方式

广告的最终目的是促进产品销售,而产品的市场发展存在生命周期,广告应针对产品生命周期的不同阶段采用不同的传播方式。从传播方式所起的作用来看,可以分为通知广告、劝说广告和提示广告。

1. 通知广告

在产品生命周期的引入阶段,产品的功能、用途、特色等对于消费者来说都是陌生的,此阶段通知广告的主要作用就是让消费者认识新产品。从内容来看,通知广告有多种形式:①向消费者介绍一种新产品;②向消费者说明某种产品的新用途;③通知消费者某种产品价格发生了变化;④介绍新产品的使用方法;⑤告知消费者某种产品的促销活动正在举行;等等。

2. 劝说广告

在产品生命周期的成长阶段,消费者逐渐了解新产品并对其产生一定程度的需求,对商品的品牌、款式、质量等正在考虑选择之中。此时,广告担负着劝导消费者购买本企业产品,诱导消费者确定购买倾向的重大责任。劝说广告是产品成长期的一种主要广告诱导方式,它的目的是保证商品销售稳步增长,在需求减退的市场上维持销路。

3. 提示广告

在产品生命周期的成熟阶段,同类产品竞争激烈,有些产品在竞争中脱颖而出,成为市场上的知名品牌。此时广告的作用已不是通知或劝说消费者购买,而是起提示作用。通过不断提示消费者,建立良好的产品和企业形象,维持较高的顾客忠诚度。例如,可口可乐已经成为广为人知的知名品牌,它的广告作用是不断强化消费者对可口可乐品牌的印象，培养和增强消费者对可口可乐的忠诚度。

三、广告诱导的心理策略

广告不仅是信息传播的工具，而且是消费者购买商品的诱因。正确利用广告的诱导功能，可以有效激发消费者的购买动机。

第一，广告信息有足够的可信度。广告的信息源来自广告商、广告媒介、广告代言人以及广告主企业等。信息源的良好公众形象会影响和改变人们对商品的态度。例如，公众喜爱的名人、社会权威机构、世界500强企业等所做的广告具有更高的可信度。

第二，紧扣消费需要，促进情感认同。消费者的情感反应本质上取决于他们能否从广告信息中获得满足需要的信息，有用的信息会使消费者产生好感和认同。情感体验是消费者需要中高层次的精神需要。广告策划中的情感诉求有助于消费者产生积极的情感体验，并促进对产品的认同，进而转化为购买意向。

第三，选择适合的广告媒介。不同的广告媒介对消费者的心理影响是不同的。要增强广告的心理效果，就要根据广告宣传的内容选择相应的广告媒介，以获得最佳的表现效果。例如，图书广告适合采用报纸、杂志等媒介，化妆品、服装广告则适合采用电视媒介。

第四，独特的产品形象和个性化广告定位。对于同类产品，消费者经常无法区分其内在品质差异，往往借助广告传递的个性化形象加以辨别。特别是高度同质化的商品，因其性能差异较小，借助广告塑造的独特产品形象，往往可以起到以广告差异化替代产品差异化的独特功效。

第五，出奇制胜。利用消费者求新、求异的心理特点，运用新奇独特的广告表现手法，往往能引起人们的关注，获得意想不到的成功。例如，某推销员到某市去推销皇冠牌香烟，无奈那里的香烟市场早已"烟满为患"，后来他根据海滨浴场禁止吸烟的规定，到处张贴"此地禁止吸烟，皇冠牌也不例外"的广告，结果，皇冠牌香烟力压群雄，一炮打响。这则无任何夸耀的简单广告，抓住了人们的好奇心理：皇冠牌香烟到底有何独特之处，为什么要特别标明皇冠牌也在禁止之列？这一好奇心理驱使人们去探个究竟，最终使皇冠牌香烟畅销。

第六，注重广告道德。广告策略的运用要恪守经营道德，应杜绝弄虚作假、哗众取宠、夸大其词或追求低级庸俗的感官刺激等不正当手段；同时，应避免贬低别人、抬高自己等不正当竞争的广告宣传。

第四节　新产品开发与推广的心理策略

"在现代市场中，各企业之间的竞争不断加剧，这种竞争不仅表现在价格、促销等方面，而且越来越多地从产品本身表现出来。企业要在激烈的市场竞争中站住脚，必须不断地更新产品。"① 同时，由于生活水平的不断提高，消费者的购买需求也在日益发生变化，消费者要求企业不断地推出新产品，以满足他们的需求。

一、新产品的类型

新产品的概念是从整体产品的角度来理解的。在整体产品中，只要对任何一个产品层次进行创新和变革，使产品有了新的结构、新的功能、新的品种或增加了新的服务，给消费者带来了新的效用和利益，与原产品产生差异，即可视为新产品。

新产品根据不同的标准可以分为若干类型，具体如下：

（一）按照产品的改进程度分类

新产品可以根据其创新程度或改进程度的不同，分成三种类型。每种类型对于消费者行为方式、消费习惯和心理的影响是不同的。

1. 全新产品

全新产品一般是指运用新技术创造的整体更新产品或为满足消费者某种新的需求而发明的产品。全新产品无论从设计原理、工艺流程、性能结构还是外观造型等方面都与原有产品完全不同，一般是本国和其他国家都没有过的首创产品。例如，电视机、电子计算机、微波炉的研制成功，即属于全新产品。全新产品的上市，会引起消费者消费方式和心理需求的变化。如网络与网络产品对当今社会消费与观念带来的根本性变化，其属于全新型产品。再如电冰箱的出现，引起了消费者对某些食品购买方式和购买要求的变化，如购买次数减少，每次购买量增多；各种适于冰箱存放的冷冻加工食品应运而生。对某些地区的消费者来说，电冰箱还改变了他们的一些传统消费习惯，如由喝热饮变为喝冷饮，由吃鲜活肉禽类到吃冷冻肉禽类等；一些专门与电冰箱配合使用的商品如包装器皿、保鲜材

---

① 张强：《论新产品的开发与推广策略》，《黑河学院学报》2013年第4期，第57—59页。

料、清洁除味用品等也随之出现。又如微波炉的诞生，使人们"烹调不用火、做饭三分钟"的理想变成了现实。

2. 革新产品

革新产品是指运用现代科技对市场上已经出售或普及的产品进行较大的革新，使产品性能有了重大突破，或将原单一性能发展成多种性能及用途的产品。如洗衣机由单缸—双缸—全自动—全计算机控制的发展过程就是产品不断革新的历程，由此使衣物的洗涤、漂洗、脱水（包括烘干）等功能一体化，并以计算机控制工作程序，带给人们更多的生活便利。这类产品不仅提供了某种新的形式效用，而且给消费者以新的利益和心理、行为上的满足感，并影响了人们原有的消费方式。

在现实生活中，革新型产品一般能够影响人们原有的生活方式，它能改变原有生活方式的实现过程，但一般不会改变原有生活方式的内容，不会带来或形成新的消费方式。如洗衣机可以改变洗衣的方式（由手洗到机洗），但不会改变洗衣本身的内容。

3. 改进产品

改进产品是指在原有产品的基础上进行某些改进，如对原来的产品成分、结构、性能或款式、规格等方面做出改进而成的新产品，是由基本型产品派生出来的改进型产品。如某些药品剂型的变化，由丸剂改为水剂，更便于患者服用和吸收。服装领型、口袋、扣子等变化，利于满足消费者的趋时心理和因人而异的偏好。手机的功能不断得到开发，操作简单且更富乐趣。

这类产品属新产品的主流，由于突出了某一方面的特点，又与消费者求新、求变、求趣、求奇等心理相吻合，所以很容易被消费者所接受。改进型产品一般不会对消费方式、消费习惯产生明显的影响，但它可以使原有产品的消费方式变得更方便、更舒适、更加有情趣或适应某一类人的特定行为倾向，因此，改进型产品的推广和促销的效果一般较明显。

（二）按照空间范围分类

1. 世界范围内的新产品

世界范围内的新产品是指在全世界首次试制成功的新产品。开发这种新产品可以吸引广泛的消费者，有着巨大的市场发展潜力。

2. 国家范围内的新产品

国家范围内的新产品是指在国际市场上已经出售过，但在本国则属于首次试制成功并投入市场的产品。例如，全部国产化的汽车。发展这种新产品对于开拓本国市场、引导和创造新的需求、减少产品进口、促进国内市场与国际市场接轨具有重要作用。

3. 地区范围内的新产品

地区范围内的新产品是指某个局部地区范围内首次出现的新产品。它可以是本地区首次研制成功并投放市场的产品，也可以是首次进入本地市场的进口商品或外埠商品。对于本地市场来讲，后者也给消费者带来了新的利益，因而也属于新产品。

二、影响新产品购买的心理因素

影响消费者对新产品购买态度与行为差异的因素包括收入水平、职业特点、性别、年龄等人口统计因素，以及需要、认知、个性特征、对新产品的态度等心理因素。

第一，对新产品的需要。需要是消费者一切行为活动的基础和原动力，也是消费者购买新产品与否的决定性因素。只有符合并能够满足消费者特定需要的新产品，才能吸引消费者积极购买。不同消费者的需要内容、需要程度千差万别，对新产品的购买行为也各不相同。

第二，对新产品的感知程度。消费者只有对某种新产品的性能、用途、特点有了基本了解之后，才能进行分析判断。当消费者确信购买新产品能够为自己带来新的利益时，就会产生购买欲望，进而实施购买行为。感知能力的强弱也会直接影响消费者接收新产品信息的准确度和敏锐度，使得其购买新产品的时间有早晚差异。

第三，个性特征。消费者的气质、性格、自我概念、兴趣爱好、价值观等个性心理特征千差万别，直接影响到消费者对新产品的接受程度与速度。个性灵活、乐于接受变化、富于冒险和创新精神的消费者，比思想保守、兴趣单一、固执守旧的消费者更容易接受新产品，接受速度更快。

第四，对新产品的态度。消费者对新产品所持的态度是影响新产品购买行为的决定性因素。消费者在对新产品感知的基础上，会对新旧产品的各项指标进行比较。如果比较后确信新产品具有独创、新奇、趋时的特点，能为自己带来新的利益及心理上的满足，消费者就会对新产品产生好感，抱有积极、肯定的态度。

三、新产品采用的心理过程及营销

新产品采用过程是指消费者个人从接受创新产品到成为重复购买者的各个心理阶段。新产品采用过程可以看作创新决策过程，其中包括认识阶段、说服阶段、决策阶段、实施阶段和证实阶段五个阶段。通过了解在创新决策各个阶段的消费者心理活动特点，可以设计相应的新产品营销策略。

（一）新产品认识阶段

在认识阶段，消费者要受个人因素（如个性特征、社会地位、经济收入、性别、年龄、文化水平等）、社会因素（如文化、经济、社会、政治、科技等）和沟通行为因素的影响，逐步认识创新产品，并学会使用这种产品，掌握其新的功能。研究表明，较早意识到创新的消费者与较晚意识到创新的消费者有着明显的区别，一般地，前者较后者有着较高的文化水平和社会地位，他们广泛地参与社交活动，能及时、迅速地收集到有关新产品的信息资料。

针对认识阶段消费者的特点，企业在新产品推广中可集中宣传新产品的用途，使具有创新意识的潜在消费者充分认识到新产品的益处，并推动他们进入采用过程的下一阶段。

（二）新产品说服阶段

有时，消费者尽管认识了创新产品并知道如何使用，但一直没有产生喜爱和占有该种产品的愿望，而一旦产生这种愿望，采用过程就进入了说服阶段。如果说在认识阶段消费者的心理活动尚停留在感性认识上，进入说服阶段其心理活动就具有影响力了。在说服阶段，消费者常常要亲自操作新产品，以避免购买风险，不过即使如此也并不能促使消费者立即购买。为此，营销部门应努力让消费者充分认识新产品的特性，包括相对优越性、适用性、复杂性、可试性和明确性，使之真正被说服。

相对优越性，即创新产品被认为比原有产品好。创新产品的相对优越性越多，如功能性、可靠性、便利性、新颖性等方面比原有产品的优势越大，就越容易说服消费者采用。需要指出的是，相对优越性是指消费者个人对创新产品的认知程度而不是产品的实际状况，因此，在某些情况下，确实属于创新的产品若不被消费者认知便失去了相对优越性。

适用性，即创新产品与消费者需求及观念的吻合程度。当创新产品与消费者的需求结构、价值观、信仰及经验适应或较为接近时，就容易迅速采用。

复杂性，即认识创新产品的困难程度。创新产品越是难以理解和使用，其采用率就越低。这就要求企业在新产品设计、整体结构、使用维修及保养方法等方面与目标市场的认识程度相接近，尽可能设计出简单易懂、方便使用的产品。

可试性，即创新产品在一定条件下可以试用。尽可能提供对新产品的试用，可以减少消费者的购买风险感知,提高采用率。

明确性,指创新产品在使用时是否容易被人们观察和描述,是否容易被说明和示范。创新产品的消费行为越容易被感知,其明确性就越强,采用率也就越高。

(三) 新产品决策阶段

通过对产品特性的分析和认识,消费者开始决策,即决定采用还是拒绝采用该种新产品。消费者拒绝采用有两种可能:一是以后改变态度接受这种创新产品;二是继续拒绝采用这种产品。消费者采用创新产品也有两种可能:一是在使用之后觉得效果不错,继续使用下去;二是使用之后发现令人失望,便中断使用,改用别的品牌或不使用这种产品。

在此阶段,销售人员应向消费者强调新产品满足消费者需要的重要价值,还可采取产品试用、价格优惠、服务承诺、额外奖励等多种促销手段,促使消费者做出最终购买决定。

在市场成熟阶段,由于很多品牌产品已经把市场分割得几乎没有缝隙,新产品的生存空间非常狭小,因此,新产品上市需要特别注意体现产品的个性化利益,其市场推广要有严格的定位。许多情况下,企业都是以产品创新的形式进入这个阶段的。产品创新就是在产品直接功效利益的基础上增加结果利益、欲望利益等不同的利益因素,使新产品的利益结构更丰富、更感性、更具时代性,以便引发新一代消费者的追求和喜爱。这一阶段新产品的市场推广目标是以新消费者为目标群体,通过新消费者的意见和行动影响老一代消费者。市场成熟阶段新产品的推广策略应当是,注重个性化的产品利益和与之相对应的新消费者所关注的品牌概念的有机联系。

(四) 新产品实施阶段

当消费者开始使用创新产品时,就进入实施阶段。在决策阶段,消费者只考虑究竟是使用该产品,还是仅仅试用,并没有最终确定。在实施阶段,消费者考虑的主要问题是"怎样使用该产品"和"如何解决操作难题"。此时,营销人员要积极主动地向消费者进行介绍和示范,并提出自己的建议。

(五) 新产品证实阶段

消费者购买决策的一个显著特征是,在做出某项重要决策之后总是要寻找额外的信息来证明自己决策的正确性。这一特征可以用"认知不和谐"理论加以解释。认知不和谐是指两种或两种以上的认知不一致，或者其中某种认知与个人行为相抵触所产生的紧张不安的心理状态。这些认知包括人们对周围事物所持的观念、情感和价值取向等。只要认知相互不一致，或者某种认知与个人的行为不相吻合，不和谐就产生了。

在新产品购买决策过程中同样存在认知不和谐。由于消费者面临多种备选方案，而每一种方案又都有其优点和缺点，只要选择其中的一个方案，认知不和谐就会发生。这种不和谐导致消费者在决策之后，总是要评价其选择行为正确与否。通常在决策后最初一段时间内，消费者发现所选方案存在很多缺陷，反而认为未选方案有不少优点，因而感到后悔，并假设如果再有机会，一定会选择其他方案。不过，后悔阶段持续时间不长便被不和谐减弱阶段代替。此时，消费者认为已选方案仍然较为适宜。在整个创新决策过程中，证实阶段包括决策后不和谐、后悔和不和谐减弱三个阶段。消费者往往会告诉朋友自己采用创新产品的明智之处，倘若消费者无法说明采用决策是正确的，那么就可能中断采用。因此，在这一阶段企业应给予消费者充分信息，包括其他顾客的使用效果及评价，帮助消费者正确评价新产品，减轻认知不和谐。

第七章 基于消费者心理与行为的营销创新探索

第一节 绿色营销的消费者心理与行为

随着人们对环境认识的不断深化,各种世界性环保组织纷纷崛起,对人口、资源、社会经济发展与自然生态环境的关注,已成为全人类共同关心的重大问题。于是,在衣、食、住、行、用等各方面,绿色消费之风蔚然兴起,绿色产品、清洁营销应运而生。一场以保护环境、节约资源为核心的"绿色革命"在全球范围内开展起来。

一、绿色消费概述

(一)绿色消费的内涵阐释

从广义上讲,绿色消费是指消费者对绿色产品的需求、购买和消费活动,是一种具有生态意识的、高层次的理性消费行为。绿色消费是从满足生态需要出发,以有益健康和保护生态环境为基本内涵,符合人的健康和环境保护标准的各种消费行为和消费方式的统称。绿色消费包括的内容非常宽泛,不仅包括绿色产品,还包括物资的回收利用、能源的有效使用、对生存环境和物种的保护等,可以说涵盖生产行为、消费行为的方方面面。

从狭义上讲,绿色消费是一种可持续消费,是指以适度节制消费,避免或减少对环境的破坏,崇尚自然和保护生态等为特征的新型消费行为和过程。具体而言,绿色消费有以下三层含义。

(1)倡导消费时选择未被污染或有助于公众健康的绿色产品。

(2)消费者转变消费观念,在崇尚自然、追求健康和生活舒适的同时,注重环保,节约资源和能源,实现可持续消费。

(3) 在消费过程中注重对垃圾的处置，不造成环境污染。

（二）消费绿色与绿色消费

不管消费者走进哪家商场，绿色家电、绿色蔬菜、绿色涂料、绿色地板，这些最吸引眼球的字眼随时都会"飞扑"而来。绿色消费已切切实实走进了人们的生活。

绿色消费无疑是人们最良好的愿望，但一些人破坏环境和资源的倾向又不能不让人痛心。有的人一方面高喊非绿色食品不吃，但又贪婪地吞吃着珍稀动物；有些人一方面高喊非绿色商品不用，但又随手丢弃废塑料袋；有些人一方面高喊非绿色建材不用，但家居装修却又奢侈无度。由此可见，这些人所谓的绿色消费不过是从自身利益出发，而并不去考虑对自然与环境的保护，把对绿色消费的追求变成了对消费绿色的追求。这种行为无疑是对绿色消费的曲解。

而真正的绿色消费是指在全部消费活动中，不仅要保证一代人消费需求的安全、健康，更要满足子孙后代的消费需求和安全。其基本要求是在消费过程中节约资源、实现可持续消费。正因如此，我们真诚地希望那些高喊绿色消费的生产者、经营者、消费者，千万莫做那些仅仅满足自身绿色消费，而置大多数消费者利益于不顾的"消费绿色"之事。只有这样，绿色消费才真正有了意义，绿色消费才真正起到了应有的作用。

（三）绿色消费者的心理特点

1. 绿色需要

绿色需要是指人类为了健康可持续发展而产生的需要，这种需要的满足有利于人类的"长青"生活。从狭义上讲，"绿色"是生态的代名词，因此，绿色需要是指人类的生态需要，即由于人类在漫长的进化过程中内生的对自然环境和生态的依赖性与不可分割性而产生的需要，也是人们为了满足生理和社会的需要，而对符合环境保护标准的产品和服务的消费意愿。

根据马斯洛的需要层次理论，绿色需要可以从两个层面来看待：一方面，狭义的绿色需要应属于生理需要层次，因为健康的绿色食品、无污染的水、清洁的空气、良好的生存环境等绿色需要，都是为了维持和满足人的最基本的生理需要。正如马斯洛指出的，任何生理需要与其相关的习惯行为同时也为其他各种需要充当渠道。另一方面，人们对于绿色产品的需要也是一种更高层次的对高品质生活的需要。人类社会的不断发展推动着人们在低层次需要满足的基础上逐渐向高层次需要推进。

2. 简约主义

简约主义是 20 世纪 60 年代兴起的一种非写实绘画雕塑艺术形式，其理念是降低艺术家自身的情感表现，而朝着单纯、逻辑的选择发展。随着绿色消费理念的兴起，简约主义被绿色消费者借用，成为绿色消费领域中一种独特的心理倾向，其核心思想是"Less is more"，少即是多。崇尚绿色消费的人以简约为荣，偏好适度、理性的消费方式。比如，时下越来越多的富有阶层的消费者，倾向于在不影响生活品质的情况下，花尽量少的钱来获取尽量多的愉悦，过有品质的理性生活。现在，简约主义越来越多地被消费者认可，逐渐影响着人们生活的各个方面。

3. 引致效应

人的行为方式容易出现各方面趋于同一倾向的特点。这一特点在消费者的绿色消费行为中明显地表现为一种引致效应[1]，即人们对某一事物的态度会引起他们对其他同样具有引起该种态度因素的事物产生相同的反应。

绿色产品涉及多个消费领域，引致效应可以使得消费者的绿色消费从一个领域扩展到另一个领域，从而不断加深消费者的绿色程度，逐渐培养绿色消费习惯。比如刚开始接触绿色消费的家庭，也许只会尝试购买绿色食品、无磷洗涤液等便利品，在经过一段时间的使用后，如果感觉良好，则会增强他们对绿色产品的整体好感，并产生绿色偏好，进而逐步扩大绿色消费的领域，如购买绿色建材、小排量汽车等；然而，如果在尝试使用阶段感觉不好，则会导致反效果。一些研究发现，引致效应对绿色消费者的影响要比对一般消费者的影响显著。

（四）影响绿色消费的因素

基于外在因素的影响和消费者自身的原因，每个消费者的绿色消费意识程度存在很大的差异。对绿色消费心理影响较大的有以下几个因素：

1. 社会文化

和其他消费心理一样，社会因素和文化因素对绿色消费心理影响很大。比如，崇尚自然的文化氛围或有着强烈环保意识的家庭会对身处其中的个人的绿色消费心理产生正面影响。一个社会及其文化的绿色程度，会直接影响该文化群体的环保意识和绿色思想，进而影响其绿色消费行为模式。一个社会的绿色文化和环保意识越强烈，该社会群体的绿色消

---

[1] 引致效应是扩张性货币政策降低利率时所引起的投资增加的现象。

费心理一般就会越成熟。

2. 绿色教育

绿色教育是指对公众进行的生态环境意识教育，包括通过公共关系、广告、产品包装说明等方式对消费者进行环保观念的教育。

绿色产品大多采用较为高新的技术和材料制成，成本和生产工艺及市场开拓费用相对较高，因而其售价也高。对一般消费者来说，初接触时可能感到难以接受。因此，必须通过一定的教育手段，使他们对绿色产品的实质有所了解。例如，说明该产品为什么是绿色产品，其特点、优势是什么，对消费者有哪些好处等。就社会层面而言，绿色教育有利于提高人们的环保意识，促进社会自然环境的改善；就企业层面而言，绿色教育积极引导了绿色消费，为企业绿色营销创造了更好的环境。

3. 消费者自身

绿色消费者的购买决策主要是受其个人特征的影响，如年龄、家庭、生命周期、职业、经济环境、生活方式、个性及自我定位等。其中，收入水平和受教育程度的影响尤为突出。

（1）收入水平。收入水平在一定程度上代表了消费者的购买实力。由于绿色产品和绿色服务的价格相对较高，对于那些"价格因素权数"大于"绿色因素权数"的消费者而言，收入在消费方面的分配对于绿色消费而言是一种制约。实用主义对大多数理性消费者来说是第一位的，尤其是在整体收入水平还不算很高的国家，价格和效用仍是消费者购买产品的主要考虑因素。

（2）受教育程度。全社会的绿色教育对绿色消费会有很大的促进作用。因为对消费者自身而言，一个人的观念、行为等大多是后天因素作用的结果，而教育则是其中非常重要的方面。受过良好教育的人，一方面对各方面知识有深入了解和正确认识（包括环境和地球生态）；另一方面有较高的素质，倾向于理智的行为。所以，教育在很大程度上影响个人的绿色消费观念和行为。以中国食品消费为例，从受教育程度看，受教育程度较高者占整个绿色食品消费群体的多数。

二、绿色产品开发与消费

绿色产品是指产品生产过程和产品自身对环境没有或少污染的产品，以及比传统产品更符合生态环境保护或社会环境要求的产品及服务。绿色产品又可分为两大类：一是绝对绿色产品，指具有改进环境条件的产品，以清除家居污染的植物为例，具有吸收甲醛作用的植物，如吊兰、芦荟、龙舌兰、虎尾兰等；二是相对绿色产品，指那些可以对社会和环境损害有所减少的产品，如再生纸等。

（一）绿色产品的特征及类型

1. 绿色产品的特征

绿色产品能有效利用材料资源和能源，有利于保护生态环境，不产生环境污染或使污染最小化。这一特点贯穿产品生命周期的全过程，如产品的设计过程、原料的获取过程、生产制造过程、销售运输过程和使用过程，以及产品废弃后的回收、重用及处理过程等。

绿色产品与传统产品一样具有以下三个特征：第一，核心产品符合消费者的主要需求，对消费者有用；第二，技术和质量合格，产品满足各种技术及质量标准；第三，产品有市场竞争力，并且有利于企业实现盈利目标。

但是，绿色产品与传统产品相比，还多一个最重要的基本标准，即符合环境保护要求，可以通过对产品的维护环境的可持续发展和企业是否负应尽的社会责任这两方面的考虑来评价绿色产品的"绿色表现"如何。可以说，绿色产品与传统产品的根本区别在于其改善环境和社会生活品质的功能。

2. 绿色产品的类型

按照比一般同类产品更加符合人类生态环境保护和社会环境保护的要求，绿色产品主要分为以下七种类型。

可回收利用型绿色产品：例如，中国古旧家具，特别是具有中国传统风格的古旧实木家具，尤其是古旧红木家具，稍做整形、加固和涂饰处理，便可获得较高的观赏价值和使用价值。

低毒低害型绿色产品：低残农药的推广使用，降低了农产品消费对人体的危害程度。

低排放型绿色产品：例如，2008年北京市汽车尾气排放强制实施欧洲Ⅳ号标准，改善大气环境质量。

低噪声型绿色产品：目前部分实力强大的厂家推出"静音"空调，打"绿色家电"牌，收到很好的效果。

节水型绿色产品：目前我国在农业生产方面，推广使用渠道防渗、管道输水、喷微灌等节水灌溉技术和产品设备。

节能型绿色产品：清华同方台式计算机（PC）家用系列和商用系列的全部机型已获得中心环境标志认证中心的节能认证证书，标志清华同方的主流产品在节能环保方面达到国内领先水平。

可生物降解型绿色产品：生物降解即生物分解，是用生物方法分解产品中的有害物质。例如，使用玉米制造的聚乳酸为原料制成的可生物降解塑料，在废弃后能被土壤里的微生物所分解，化作无害于自然环境和人体的物质。

（二）绿色产品的开发环节

绿色产品的开发包括以下三个环节：

一是设计。绿色产品要求产品质量优、环境行为优。双优不同于单优，如日用陶瓷要达到绿色标准，就必须增加对铅的控制设计；家用燃气灶要达到绿色标准，就须增加对二氧化氮的控制设计。

二是生产。绿色产品的生产过程要求实现无废少废、综合利用和采用清洁生产工艺。在此过程中，建立 ISO 14001 环境管理体系是国际通行的做法，采用高科技技术是有效的技术手段。

三是废弃物的处置。各企业对自己生产产品的回收、利用及有效处置都应建立标准系统，一次性餐具、各类包装、报废汽车及计算机零件的回收及处理则应有考核指标。

（三）不同绿色产品的消费

1. 绿色食品的消费

绿色食品指无公害、无污染、安全、优质、营养、经过专门机构认定许可、使用绿色食品标志的食品。绿色食品必须具备以下几个条件：第一，产品或产品原料的产地必须符合农业农村部制定的绿色食品生态环境标准。第二，农作物种植、畜禽饲养、水产养殖及食品加工必须符合农业农村部制定的绿色生产操作规程。第三，产品必须符合农业农村部制定的绿色食品质量和卫生标准，符合绿色食品特定的包装和标签规定。

随着城市居民物质生活水平的不断提高，高质量、卫生达标、安全可靠、富含营养的食品成了人们在饮食上的新追求。越来越多的消费者放弃高价的方便食品，而选用天然食品。

食用无污染、无公害、无残留的绿色食品，是每个消费者的共同愿望。但是在我国，绿色食品似乎还没有受到人们的足够重视，绿色食品市场远未呈现热销局面。之所以如此，大致有以下几点原因：

一是大部分消费者不了解什么是绿色食品，如把绿颜色食品当作绿色食品，出现了概念性的混淆和误认。

二是假冒伪劣商品泛滥，绿色食品也难逃厄运。本想购买绿色食品的消费者唯恐买到假冒绿色食品。

三是绿色食品价格不菲。因为绿色食品的生产条件和要求远高于一般同类普通食品，但两者在味道、外观上难以让消费者感到明显区别，因此，许多人不愿为看上去没什么特别的绿色食品支付较高费用。

四是绿色食品的销售渠道不够顺畅，市场上或少有绿色食品，或品种不全，消费者很难买到称心如意的绿色食品，购买积极性受到挫伤。

2. 绿色服装的消费

绿色服装又称生态服装、环保服装。它用以保护人类身体健康使其免受伤害，具有无毒、安全的优点，在使用和穿着时给人舒服、松弛、回归自然、消除疲劳、心情舒畅的感觉。一般来讲，绿色服装包括以下三方面内容：

(1) 生产生态学，即生产上的环保。对天然纤维来说，在种植过程中，所用的肥料、饲料、生长剂、除草剂、消毒剂等对人类应是无毒无害的；在布料生产加工过程中，不释放有害气体，排水符合卫生要求。

(2) 用户生态学，即使用者环保。要求对用户不带来任何毒害。

(3) 处理生态学，这是指织物或服装使用后能回收。

绿色服装代表当代国际服装的流行趋势，现代消费者在追求美观的同时，更加注重舒适和健康。绿色消费者倾向于选择耐穿、易清洗保管、式样纯朴的服装。

3. 绿色家居建材的消费

(1) 绿色家居。它是指室内布局合理，冬暖夏凉，温度宜人，湿度合适，杜绝粉尘，自然光充足。建筑专家们认为可用八个字概括绿色家居：健康、宜人、自然、亲和。

(2) 绿色建材。它是指质量优异，使用性能和环境协调性好的建筑材料。绿色建材最基本的条件是该产品质量必须符合该产品的国家标准。同时，该产品在生产过程中必须采用国家规定允许使用的原材料。排出的废气、废液、废渣、烟尘、粉尘等的数量、成分达到国家允许的排放标准。产品在使用过程中能达到国家规定的无毒、无害标准。废弃物对人体、大气、水、土壤等污染较小，并能在一定程度上可再生资源化和重复使用。

4. 绿色家电的消费

绿色家电指在质量合格的前提下，高效节能，且在使用过程中不对人体和周围环境造成伤害、在报废后可回收利用的家电产品。例如，绿色冰箱除采用无氟制冷外，还采用杀菌保鲜、抗菌保质、健康卫生的材料，从而在确保食品新鲜的同时能有效抑制箱内有害气体的产生，净化空气，高效节能。绿色洗衣机则将清洁衣物与消毒灭菌结合在一起，操作简便，安全卫生。

三、绿色营销策略

（一）绿色营销的内涵

绿色消费是一种权益，它保障后代人的生存和当代人的安全与健康；绿色消费是一种义务，它提醒我们，环保是每个消费者的责任；绿色消费是一种良知，它表达了我们对地球母亲的敬爱之心和对万物生灵的博爱之情；绿色消费是一种时尚，它体现着消费者的文明和教养，也标志着高尚品质的生活质量；绿色消费也是一项系统工程，它需要政府、企业、社会等各方面的共同努力。而我国作为一个发展中国家，在各种基础条件还比较薄弱的情况下，在绿色浪潮兴起之初，要想迅速培养、发展绿色消费事业，不但需要企业努力，更需要政府部门的宏观管理、监督指导以及政策、资金上的扶持。

"所谓绿色营销就是企业在充分满足消费者需求，争取适度利润和发展水平的同时，注重自然生态平衡，减少环境污染，保护和节约自然资源，维护人类社会长远利益及长远发展，将环境保护视为企业生存和发展条件与机会的一种新型营销观念和活动，又称为环境营销。"[①]

绿色营销的核心是按照环保与生态原则来选择和确定营销组合策略，是建立在绿色技术、绿色市场和绿色经济基础上的，对人类的生态关注给予回应的一种经营方式。绿色营销不是一种诱导顾客消费的手段，也不是企业塑造公众形象的"美容法"，它是一个导向持续发展、永续经营的过程，其最终目的是在化解环境危机的过程中获得商业机会，在实现企业利润和消费者满意的同时，达到人与自然的和谐相处、共存共荣。企业可通过加强绿色产品成本管理和树立企业绿色形象来进行绿色营销管理。

绿色产品在成本构成方面与一般产品有所不同，它除了包括生产经营过程中发生的一般成本之外，还包括与保护环境及改善环境有关成本的支出，如引进对环保有利的原材料所付出的代价，用有利于环保的设备替换污染环境的设备所需的资金投入等。因此，绿色产品的生产成本高于常规产品的生产成本。目前，价格因素仍是影响消费者购买的最敏感

---

① 井绍平：《绿色营销及其对消费者心理与行为影响的分析》，载《管理世界》2004年第5期，第145-146页。

的因素之一，因而降低经营成本，制定合理的绿色产品价格是企业绿色产品管理成功与否的关键。企业应该通过扩大生产规模、强化绿色管理和降低原材料消耗来降低产品成本与价格，使绿色产品的价格逐步让广大消费者接受。

（二）绿色营销的主要特点

绿色营销跟传统营销相比，具有综合性、统一性、无差别性、双向性的特点。

1. 绿色营销的综合性

绿色营销综合了市场营销、生态营销、社会营销和大市场营销观念的内容。市场营销观念的重点是满足消费的需求；生态营销观念要求企业把市场要求和自身资源条件有机结合，发展也要与周围自然的、社会的、经济的环境相协调；社会营销要求企业不仅要根据自身资源条件满足消费者需求，还要符合消费者及整个社会目前需要及长远需要；大市场营销能使企业成功地进入特定市场，在策略上必须协调地使用经济、心理、政治和公共关系等手段，以取得外界或地方有关方面的合作和支持。绿色营销观念是多种营销观念的综合，它要求企业在满足消费者需要和保护生态环境的前提下取得利润，把三方利益协调起来，实现可持续发展。

2. 绿色营销的统一性

绿色营销强调社会效益与企业经济效益统一。企业在制定产品策略的实施战略决策时，既要考虑到产品的经济效益，又必须考虑社会公众的长远利益与身心健康，只有这样，产品才能在大市场中站住脚。

3. 绿色营销的无差别性

绿色标准及标志呈现世界无差别性。绿色产品的标准尽管世界各国不尽相同，但都是要求产品质量、产品生产及其使用消费与处置等方面符合环境保护的要求，对生态环境和人体健康无损害。

4. 绿色营销的双向性

绿色营销不仅要求企业树立绿色观念、生产绿色产品、开发绿色产业，同时也要求广大消费者购买绿色产品，对有害产品进行自觉抵制。绿色营销也是降低资源消费，提高经济效益的重要途径。绿色营销的兴起与发展，进一步培育了消费者的环保观念。

（三）企业绿色形象的树立

树立企业绿色形象，可以帮助企业更直接、更广泛地将绿色信誉传送到促销无法达到的

细分市场,从而给企业带来竞争优势。企业在树立绿色形象的过程中应遵循以下几个原则:

第一,争取在本行业中率先实施绿色营销计划。消费者的信任是企业树立绿色形象的关键因素,而消费者总是比较容易相信某行业中居于领先地位的生产者。

第二,避免过分夸大企业的绿色程序。适当地袒露自己的些许不足,有利于企业在消费者中建立信任感,同时可以表现企业正在尽力弥补与绿色营销观念不符的缺憾。

第三,借助第三方力量树立绿色形象。在环境保护方面有良好声誉和一定发言权的各种政府组织、非营利性机构或新闻媒体都足以成为企业借助的对象。

第四,从社区绿化活动做起。若企业存在经费暂时不足的问题,则应首先把树立绿色形象的目标放在企业所在社区内部。例如,加强对职工的绿色文化教育,建立与学校和社区绿色组织的联系。

第五,充分利用各种宣传企业绿色形象的机会。宣传企业绿色形象的方式多种多样,既可以通过一定的大众媒体开展,如演讲、报刊、环境保护资料、信息服务中心等,也可通过赞助和慈善活动等开展与环保有关的绿色公关活动,来宣传和提升企业的绿色形象。同时,企业也应结合自身的特点积极创造机会,向社会公众传达绿色形象信息。

第二节 网络营销的消费者心理与行为

随着互联网的发展和普及,网络购物在中国变得越来越普遍了,甚至已经成为我们日常生活的一部分。网购作为一种新型的购物方式,其消费群体体现出了不同于传统消费群体的独特之处。网购的主要群体是年轻人和高学历人群。网购对于消费者来说,最大的优点是方便、节省时间、货品丰富、紧跟时尚等。网购的不足之处主要是购买前不能亲眼看到货品,会带来一定的购物风险。

一、网络消费者的心理特征及营销策略

(一)网络消费者的群体心理特征

网络消费者是一个特殊的消费群体,他们在消费观念、消费心理和行为方式等方面都表现出了与传统消费者的不同之处。互联网电子商务的发展促进了消费者主权地位的提高;网络营销系统巨大的信息处理能力,为消费者挑选商品提供了前所未有的选择空间,

使消费者的购买行为更加理性化。要搞好网络市场营销工作，就必须对网络消费者的群体特征进行分析以便采取相应的对策。

第一，消费更主动。消费者的需求是积极主动的，一般是带着目的性来进行网购的。由于网络商品信息获取的方便性，网络消费者通过各种途径获取商品相关信息，并且进行分析比较。或许这种分析、比较不是很充分和合理，但网络消费者能从中得到心理上的平衡，以减轻风险感或减少购买后产生的后悔感，增加对产品的信任程度和心理上的满足感。消费主动性的增强来源于现代社会不确定性的增加和人类需求心理稳定和平衡的欲望。

第二，注重自我，追求个性。很长一段时期，工业化和标准化的生产方式以大量低成本、单一化的产品淹没了消费者的个性化需求。另外，在短缺经济或近乎垄断的市场中，供消费者选择的商品很少。在市场经济条件下，可选择的同类商品很多，而网络技术的发展为消费者提供了更多的选择。有的网络消费者不满足现有的商品，希望能根据自己的需求定做自己的个性商品，网络也为其需求的实现提供了便利性。

第三，头脑冷静，理性消费。由于电子商务的特殊环境，消费者只需要面对计算机屏幕，没有外界的嘈杂和各种环境的诱惑，同时可以在网络上收集大量的消费信息，商品的选择范围也没有地域限制，网络消费者可以理性地进行选择和消费。同时，因为网络消费者是以大城市、高学历的年轻人为主，他们不会轻易受舆论左右，对各种产品的宣传有较强的分析判断能力。

第四，追求购物过程的便捷和乐趣。信息社会的高效、现代生活的快节奏，让城市的白领们工作压力特别大、生活紧张，他们购物时会以方便性为目标。网络购物只要轻点鼠标就完成交易，还能享受送货上门的服务，节省了时间。同时，网络消费者在购买商品的同时，还能得到许多信息，并得到传统的商店购物所没有的乐趣。

第五，关注价格。在国内，低价对老百姓来说有很大的吸引力，从近年团购网的火爆，以及节假日商城活动打折时排队疯抢的人群就看得出来。虽然网络营销策划者总是通过各种营销手段来减弱消费者对价格的敏感度，但价格对消费者心理有重要影响，当价格降幅超过了消费者的心理界限，消费者难免改变当初的购物原则。

第六，品牌忠实度低。因为网络充斥着太多的信息，竞争对手的促销和广告随时都在迷惑着网络消费者。也因为网络消费者之间可以进行良好的互动，所以很容易受到别人的影响。同时，因为这些消费者以年轻人为主，比较缺乏耐心，如果搜索信息时链接、传输的速度比较慢的话，他们一般会马上离开这个站点。

(二) 影响和制约消费者网络购物的心理因素

尽管人们承认网络购物有着形式方便、获取商品信息快捷、避免销售人员的压力和节省时间等方面的优势,然而与传统零售业相比,用户对网上商店还是看得多买得少,许多人有网上订购的经验,但其频度也很小,网上零售业远没有达到它应有的额度。作为新兴购物方式,网络购物虽然有强大的生命力,但就其本身特点和发展现状而言,也有需要改进的地方。从影响和制约消费者网络购物的心理来说,主要体现在以下几个方面:

第一,网络购物缺乏商场购物所特有的满足感。传统的购物心理是眼见为实,消费者可以通过味觉、触觉、听觉等来感受商品,从而影响其购买行为。而网络购物方式基本上属于人机交往,沟通形式简单,交易过程单一,消费者既体验不到商场购物讨价还价的乐趣,也无法从交易过程中得到自我能力的验证。此外,虚拟商店也无法使消费者因购物而受到注意和尊重,消费者无法以购物过程来显示自己的社会地位、成就或支付能力,从而使消费者既享受不到商场购物条件下人员服务的待遇,也体会不到受人注意和受人尊重的"上帝"感觉。

第二,网络购物无法满足社交需要。虽然网络购物可替代部分人际互动关系,但它不可能满足消费者在这方面的个人社交动机,如家庭主妇或朋友间希望通过结伴购物来保持与左邻右里的关系或友情等。网络购物方式体现的是人机对话,无法实现商场购物方式所特有的人与人之间的互动。

第三,对网络购物的风险认知度比较高。网络购物体现的是虚拟的购物过程,消费者无法在购物前通过触摸方式对产品进行认识。同时,网络安全问题、网络虚拟购物世界的信誉问题等都使消费者的消费行为较之传统的消费行为更具风险性。特别是当消费者通过互联网向远在海外的生产厂商或经销商购买产品时,如果当地法律法规不够完善,当地政府执法水平不高、执法力度不大,或者当地市场行为缺乏规范,导致假冒伪劣产品充斥、言过其实、以次充好、服务低劣,甚至销售欺诈等不良现象蔓延,网上购物风险将进一步扩大。

(三) 基于网络消费心理的营销策略探讨

1. 选择网络销售的产品

第一,由于网络市场不同于传统市场,网络消费者有着区别于传统市场的消费需求特征,因此,并不是所有的产品都适合在网络销售和开展网络营销活动的。根据网络消费者的特征，网络销售的产品一般要考虑产品的新颖性，即产品是新产品或者是时尚类产品，比较能引起人们的注意。追求商品的时尚和新颖是许多消费者，特别是青年消费者重要的购买动机。

第二，考虑产品的购买参与程度。一些产品要求消费者的参与程度比较高，消费者一般需要现场购物体验，而且需要很多人提供参考意见，对于这些产品不太适合网络销售。对于消费者需要购买体验的产品，可以采用网络营销推广功能，辅助传统营销活动进行营销，或者将网络营销与传统营销进行整合，可以通过网络宣传和展示产品，消费者在充分了解产品的性能后，再到相关商场进行选购。

2. 互动营销，持续优化消费者的购物体验

网络将企业和消费者结合在一起，给企业提供了一种全新的销售方式。企业和销售商可以直接开设网上商店，为个体网络消费者提供在线销售和在线拍卖的销售方式；针对团体网络消费者，可以提供相应打包团购的销售方式，这样可以满足不同消费群体的购买需求，使消费者乐于购物。同时，为了满足消费者自主、独立的购物心理，网络营销要注重互动式营销，至少要做到以下两点：

第一，对消费者的信息即时反馈，如果商家在几分钟内不做答复，可能就会失去这个客户。

第二，在消费者阅读了在线信息后，企业必须及时提供反馈信息的方式，以便与之建立联系。

3. 一对一沟通，提供个性化服务和定制化商品

一对一沟通是指利用互联网和数据库技术分析客户的行为，针对每个客户的特征和要求提供不同的服务，使网络消费者的意见能得到及时的处理，使其时时感到被关心和重视。这种沟通有助于满足消费者对尊重和自我价值的需求，建立企业与消费者之间的良好关系。

现代消费者崇尚个性化消费，企业开展网络营销时，要充分发挥网络的优势，根据消费者的不同特征划分不同的目标市场，满足消费者的个性需求，提供定制化服务。定制化战略作为企业的一种经营体制，特别需要高效地把握定制选择、生产制造、产品递送、信息传递与沟通等多个环节的协调运转，以保证定制化战略的成功实现。

4. 注重网店建设

首先，网络商店无法像传统商店那样，通过地点的选择，门面、招牌、橱窗的设计及外部灯光的使用等要素引起消费者的注意和产生心理联想。因此，网络商店的外部形象设

计能否满足网络消费者寻新求异的心理,是吸引网络消费者登录浏览商店、产生和形成购买行为的基础。

其次,由于网络商店所经营的多数商品,网络消费者只能通过视觉或听觉来感知它们的相关信息,所以产品的特点介绍越详细、产品展示图片越清晰,网络消费者的兴趣才有可能越高。

最后,要注意简化流程操作,不能去考验用户的耐心,而应该尽量让用户心情愉悦地进行每一步操作,并快速得到他想要的结果。

5. 营造安全的交易环境

网络购买另外一个必须考虑的是购买的安全性和可靠性问题。网络购物一般需要消费者先付款,然后商家发货,消费者等待收货,这使过去一手交钱一手交货的现场购买方式发生了变化,网络购物中的时空发生了分离,消费者有对钱物失去控制的离心感。因此,为降低网络购物的这种失落感,在网络购物各个环节必须加强安全措施和控制措施,保护消费者购物过程的信息传输安全和个人隐私保护,以及树立消费者对网站的信心。

6. 完善配送体系与售后服务

进行网络营销,就要保证商品在最短的时间内,由最近的分销网点送到消费者手中,企业必须制定方便、快捷的物流配送策略,建立现代化的物流配送体系。

此外,售后服务的完善对改善顾客关系亦起着举足轻重的作用。网络营销中的售后服务主要体现在货物配给、物流派送、退换货处理等方面。提供良好的售后服务,可以从一定程度上消除顾客的购买顾虑,促进销售。

二、网络消费的行为方式

(一) 网络时代下新型的消费行为

网络的出现让消费者所处的环境发生了巨大的变化,使消费者的工作与生活都发生了不少改变。网络技术所带来的信息沟通的便利与快捷,使消费者面对的环境空间骤然缩小,透明度骤然增加。于是,一些新型的消费行为也应运而生。

1. 速度型消费行为

速度型消费行为是消费者行为以时间效率为准则,追求省时高效地获取商品的行动倾向。网络时代,信息的高效获取,对市场环境变迁的高速反应,都将为消费者带来时间回报。时间回报带给消费者的是更多的机会成本,以获得其他额外的收益。消费者面对高效运转的学习与工作环境,均不愿意在购物上面再浪费过多的时间与精力,追求快捷与方便的消费行为正成为网络时代消费行为的主流及新的时尚。

速度型消费行为主要有以下几种行为表现:追求快捷方便的购物方式;对企业及其产品的变化极其敏感;注重信息的捕捉;购买决策果断,不瞻前顾后。

2. 防范型消费行为

网络安全问题、网络虚拟购物世界的信誉问题等,都使消费者的消费行为较之传统的消费行为更具风险性。寻找既能享受网络带来的乐趣与便利,又能有效防范可能遇上的伤害的两全消费模式,成为网络时代消费行为另一个独有的行为特征。网络时代的购物环境开始虚拟化,信息的真伪性、交易对方的可靠性、电子货币的安全性等迫使消费者不得不高举防范大旗,尽可能地减少各种风险给自己带来的损失。

防范型消费行为具有以下几个特征:注重对商品信息真伪的判断分析;注重对交易方信用度的掌握;声望网站成为网上购物的首选;更高的服务要求,如商品退换、及时送货、技术指导等;对网上购物方式持观望或拒绝态度。

3. 俱乐部型消费行为

在网络技术时代,随着消费者网络意识的不断增强和对网络的频繁采用,想法相同的消费者就会逐渐聚集到一起。他们的聚集可能是出于不同的目的,但有一点是相同的,那就是他们都是为了得到更好的购买条件。带着很强的族群关系的各类俱乐部型的消费群开始诞生。

俱乐部型消费行为有以下行为特征:注重与相关族群行为的一致性;较强的族群情感依赖;注重族群关系产生的利益评估。

4. 主动型消费行为

消费者在传统交易渠道中仅在商品的选择购买权及决策权方面拥有较大的权利,而在信息权等方面非常薄弱,消费者的消费行为也因此带有被动接受型特征。网络技术的出现从根本上打破了原有的运行模式。网络技术导致的交易信息的透明化,厂商与消费者沟通的直接化,都使得消费者在现代交易活动中的地位直线攀升。消费者不再满足于过去被动接受的角色,而是通过网络直接影响厂商或中间商的经营决策。

以主动参与支配整个交易活动为特征的主动型消费行为在网络时代得到最大化的体现,它主要表现为以下特征:更加注重消费者权益;注重对交易活动的支配与参与;注重信息的沟通与对称;注重自我商品知识的积累与提高。

5. 个性化消费行为

网络消费者的消费群体以年轻人居多，而这个群体作为相对独立的消费者，内心深处都希望在消费活动中找到"自我"和"真我"，充分体现自己的个性，在个性化消费行为中达到自我价值充分展示的最高消费境界，如定制礼物、家具等。网络技术的应用为消费者的个性化行为提供了可能。随着社会经济的高速发展，人民生活水平的日益提高，消费者个性化需求愿望也日益高涨。

6. 冲动式消费行为

随着上网用户的大量增加，依赖网络了解市场信息的群体日趋增多，网络中出现的一则商品信息就有可能带动一个群体的网络用户在短期内进行冲动式购买，导致许多商品的购买行为具有极强的冲动性。

这种消费行为的表现为：决策迅速，容易受价格、图片、促销等影响，消费者购买后往往出现后悔情绪。

（二）网络消费者的需要与心理动机

网络消费者的购买动机是在网络购买活动中，能使网络消费者产生购买行为的某些内在的动力。我们只有了解消费者的购买动机，才能预测消费者的购买行为，以便采取相应的促销措施。由于网络营销是一种不见面的销售，消费者的购买行为不能直接观察到，因此，对网络消费者购买动机的研究就显得尤为重要。网络消费者的购买动机基本上可以分为两大类：需要动机和心理动机。

1. 网络消费者的需要动机

要研究消费者的购买行为，首先必须研究网络消费者的需要。美国著名的心理学家马斯洛的需要层次理论对网络需要层次的分析具有重要的指导作用。而网络技术的发展，使现在的市场变成了网络虚拟市场，但虚拟社会与现实社会毕竟有很大的差别，所以在虚拟社会中人们希望满足以下三个方面的基本需要：

（1）兴趣。它是指人们出于好奇和能获得成功的满足感而对网络活动产生兴趣。

（2）聚集。它是指通过网络给相似经历的人提供了一个聚集的机会。

（3）交流。它是指网络消费者可聚集在一起互相交流买卖的信息和经验。

2. 网络消费者的心理动机

心理动机是由人们的认知、情感、意志等心理过程引起的。网络消费者购买行为的心理动机主要体现在理智动机、感情动机和惠顾动机三个方面。

（1）理智动机。理智动机具有客观性、周密性和控制性的特点。这种购买动机是消费者在反复比较各种在线商场的商品后才产生的。因此，这种购买动机比较理智、客观，很少受外界气氛的影响，这种购买动机主要用于耐用消费品或价值较高的高档商品。

（2）感情动机。感情动机是由人们的情绪和感情所引起的购买动机。这种动机可以分为两种类型：一种类型是由于人们喜欢、满意、快乐、好奇而引起的购买动机，它具有冲动性和不稳定的特点；另一种类型是由于人们的道德感、美感、群体感而引起的购买动机，它具有稳定性和深刻性的特点。

（3）惠顾动机。惠顾动机是建立在理智经验和感情之上，对特定的网站、国际广告、商品产生特殊的信任与偏好而重复、习惯性地前往访问并购买的一种动机。由惠顾动机产生的购买行为，一般网络消费者在做出购买决策时心目中已首先确定了购买目标，并在购买时克服和排除其他同类产品的吸引和干扰，按原计划确定的购买目标实施购买行动。具有惠顾动机的网络消费者往往是某一站点的忠实浏览者。

（三）网络消费的购买过程及营销对策

电子商务的热潮使网络购物作为一种崭新的个人消费模式，日益受到人们的关注。消费者的购买决策过程是消费者需要、购买动机、购买活动和购后使用感受的综合与统一。网络消费的购买过程可分为以下五个阶段：

1. 确认需要阶段

网络购买过程的起点是诱发需要，当消费者认为已有的商品不能满足需要时，才会产生购买新产品的欲望。在传统的购物过程中，消费者的需要是在内外因素的刺激下产生的，而对于网络营销来说，诱发需要的动因只能局限于视觉和听觉。比如，只能依靠文字的表述、图片的设计、声音的配置等来诱发需要。因而，网络营销对消费者的吸引是有一定难度的。

作为从事网络营销的企业，一定要注意了解消费者与自己产品有关的实际需要和潜在需要，了解这些需要在不同时间内的不同程度、了解这些需求的刺激因素，以便设计相应的促销手段去吸引更多的消费者浏览网页，诱导他们的需求欲望。

2. 收集信息阶段

当需求被唤起后，每个消费者都希望自己的需要能得到满足，所以，收集信息、了解行情成为消费者购买的第二个环节。这个环节的作用就是收集资料，为下一步的方案评价做准备。

收集信息的渠道主要有内部渠道和外部渠道。消费者首先在自己的记忆中搜寻可能与所需商品相关的知识经验,如果没有足够的信息用于决策,他便要到外部环境中去寻找与此相关的信息。在网络购买中,商品信息的收集主要是通过互联网进行的。当然,不是所有的购买决策活动都要求同样程度的信息和信息收集。根据消费者对信息需求的范围和对需求信息的努力程度不同,可分为广泛问题的解决、有限问题的解决、常规问题的解决三种模式。

(1) 广泛问题的解决模式。广泛问题的解决模式是指消费者尚未建立评判特定商品或特定品牌的标准,也不存在对特定商品或品牌的购买倾向,而是很广泛地收集某种商品的信息。处于这个层次的消费者,可能是出于好奇、消遣或其他原因而关注自己感兴趣的商品。这个过程收集的信息会为以后的购买决策提供经验。比如,消费者出于兴趣广泛收集关于移动电话的各种信息。

(2) 有限问题的解决模式。处于有限问题解决模式的消费者,已建立了对特定商品的评判标准,但尚未建立对特定品牌的倾向。这时,消费者有针对性地收集信息。这个层次的信息收集,才能真正而直接地影响消费者的购买决策。例如,对一个已充分了解移动电话性能的消费者而言,决定他购买行为的是对不同品牌、不同型号移动电话的比较,并有针对性地收集信息。

(3) 常规问题的解决模式。在这种模式中,消费者对将要购买的商品或品牌已有足够的经验和特定的购买倾向,它的购买决策需要的信息较少。例如,一个消费者已决定购买华为品牌某一型号的移动电话,他需要做的只是收集不同商家出售该商品的价格、服务信誉等。

网络营销企业要充分了解本产品目标客户的购买类型和他们的信息收集方式,针对特定的收集渠道为顾客提供充分的信息披露,在信息充分的基础上扬长不避短,帮助顾客更快地做出决策。

3. 比较选择阶段

消费者需要的满足是有条件的,这个条件就是实际支付能力。消费者为了使消费需要与自己的购买能力相匹配,就要对各种渠道汇集而来的信息进行比较、分析、研究。根据产品的功能、可靠性、性能、模式、价格和售后服务,从中选择一种自认为"足够好"或"满意"的产品。

因为网络购物不能直接接触实物,消费者对网络商品的评价较多地依赖企业对商品的描述，所以，网络营销商要对自己的产品进行充分的文字描述和图片描述，以吸引更多的顾客。但也不能对产品进行虚假的宣传，否则可能会永久地失去顾客。

4. 购买决策阶段

网络消费者在完成对商品的比较选择之后，便进入购买决策阶段。与传统的购买方式相比，网络消费者在购买决策时主要有三个特点：首先，网络购买者理智动机所占比重较大，而感情动机的比重较小；其次，网络购物受外界影响小；最后，网络购物的决策行为与传统购买决策相比速度要快。

企业要在虚拟环境中达成交易并非易事。网络消费者在决策购买某种商品时，一般要具备以下三个条件：对厂商有信任感，对支付有安全感，对产品有好感。所以，网络营销的厂商一定要全面提高产品质量，树立起企业形象，改进货款支付方法和商品配送方法，促使消费者购买行为的实现。

5. 购后评价阶段

消费者购买商品后，往往通过使用对自己的购买选择进行检查和反省，以判断这种购买决策的准确性。购后评价往往能够决定消费者以后的购买动向。一方面，为了提高企业的竞争能力，最大限度地占领市场，企业必须虚心听取顾客的反馈意见和建议。在网络环境下，互联网双向互动的沟通方式、快捷方便的反馈手段使消费者可以随时提出自己的意见和建议，得到卖方的技术支持和服务，进而有效提升满意度。另一方面，企业在网络上收集到这些评价之后，通过计算机的分析、归纳，可以迅速找出工作中的缺陷和不足，及时了解消费者的意见和建议，然后制定相应对策，改进产品和服务质量。

第三节 团购的消费者心理与行为

随着网络消费者的不断增加和对某些购物网站的频繁使用，某些具有相同需求、兴趣偏好的消费者会逐渐聚集到一起，形成网络消费族群，他们通过一起购买同一种或同一类商品来获得更高的价格优惠或更低的人均物流费用。

网络团购由团购消费者、商家以及团购网站三个主体构成。商家根据经营计划与团购网站商定团购活动；团购网站发布团购信息吸引消费者参团；消费者选择并支付团购项目，在规定时间内持有效证明在商家消费。消费者是网络团购的核心，是商家和团购网站盈利的对象和最终目标。

一、团购概述

（一）团购内容及其流程

实物类商品和服务类商品是网络团购的两大主要内容，两者的业务流程基本一致。首先，商家与团购网站需要建立团购合作的关系，确定商品种类、团购数量和结算价格；然后确定商品在网上的展现形式，一般由商家或者团购网站提供商品照片，将照片放在网站上，供消费者了解，消费者就可以获得团购商品的相关信息，根据自己的需求来购买商品。消费者在参与团购活动时，需要注册账户，然后通过网上银行或支付宝等方式完成支付，团购网站在收到货款后，会向与消费者账户绑定的手机号发送电子商务优惠券信息，然后完成团购网站与商户之间的货款结算，这样整个网络团购活动就结束了。

（二）网络团购的主要优点

第一，降低交易成本。消费者可以有效地降低交易成本，在保证产品、服务质量的前提下，以低于市场最低零售价格购买需要的商品，这也是推动消费者团购的首要动力。

第二，消费者掌握主动权。网络团购打破了传统交易模式中消费者的弱势地位，在一定程度上改善了市场不透明、信息不对称等现象给消费者带来的损失，使消费者能够掌握主动权，为自己选择最满意的商品和最优质的服务。

第三，消费者权益得到一定保障。一般情况下，团购发起者通常具有较强的商品鉴别能力，加之团队的力量总是大于个体，在发生商品质量纠纷时，团体采购可以增加谈判的筹码，使消费者的利益得到更好的保障，因此，消费者通过团购不但可以买到物美价廉的商品，而且能够享受到更为优质的服务。

第四，满足了消费者个性化的需求。在传统交易模式中，由于消费者要承担巨大的搜寻成本，导致某些个性化的消费行为无法进行，但通过网络消费者可以联合一些相同购买意愿的个性消费者，形成一定的规模，在合理的价格下享受最优质的产品和服务。

第五，增加消费者产品知识。网络团购群体内部还可通过相互交流，增长对相关产品的知识和经验，增加对相关产品的判别能力。

二、团购消费者的行为特征

特征一：低价偏好。价格是影响消费者购买的最具刺激性和敏感性的因素之一。促销策略、网络购物、网络团购都反映消费者对于较低价格的偏好。网络团购销售模式是基于薄利多销的原理，其主要客户群是对于价格有较高敏感度的一般消费者，即消费者在选择产品或服务时，首先进行价格比较，其次才是对于产品或服务品质的对比和衡量，最终在综合考虑价格和品质之后做出购买决策并实施购买行为。

特征二：追求时尚便利。网络团购在为消费者带来价格更低的产品或服务的同时，也具备一般网络购物模式所特有的便捷性。另外，配送时间的长短及配送服务的优劣也直接影响着消费者对于团购网站的认可程度，甚至决定着他们进一步的购买行为。

特征三：从众。从众是一种比较普遍的社会心理和行为现象，指个体在群体压力之下发生行为改变的倾向。在虚拟网络环境和电子商务环境中，消费者的从众行为可以降低购买风险，减少购买的时间成本和经济成本。网络团购通常会采用显示已购买的消费者数量、剩余购买期限等方式，刺激消费者的购买欲望，进而使其产生从众购买行为。

三、消费者团购行为的影响因素

因素一：时间压力。时间压力是指必须在时间限制内做出决策所引发的压力感。很多购买决定是在时间压力下做出的，时间压力作为一种消费者所处的情境因素必然会影响其消费行为。在团购中，离团购结束的时间越长，消费者的购买意愿越低，相对不易发生购买行为。

因素二：参照群体。消费者个人的行为除了会受到本身的态度影响外，也会受到周围群体的影响，如模仿意见领袖的行为或顺从多数人的意见。根据相关研究，每三个小时内已发生订单的数量对新订单的产生有显著的正向影响，并且更多的订单会在一次团购结束前三个小时内发生。

因素三：感知风险。感知风险主要包括时间风险和绩效风险。相比传统购物，团购需要一定的募集期，并且需要承担募集失败的风险。由于物流配送系统不完善、缺乏有效约束制度等，消费者在团购过程中容易感受到时间风险，进而会降低购买意愿。此外，消费者在团购中无法亲临现场对产品质量、商家环境等做出评估，会产生由于信息不对称导致的风险，从而影响消费者做出购买决策。

第四节 在线虚拟社区营销的消费者心理与行为

在线虚拟社区又称为网络社区或在线社区，是在以计算机为媒介的可持续互动中由许多个体为满足个人和共同的需要,围绕共同的兴趣或目的、秉承共同的规范和价值观自发形成的群体。

一、在线虚拟社区的特征及类型

(一)在线虚拟社区的特征

在互联网上,虚拟社区成员之间借以交流的具体形式有电子布告栏系统(bulletin board system, BBS,又译作"网上论坛")、网上贴吧、基于"群"的即时通信(如多人聊天室)、博客(其中包括微博群)、电子邮件群等。由于兴趣和活动内容的广泛性与多样性,互联网上存在多种多样的虚拟社区或特别兴趣小组。

在线虚拟社区具有以下特征:

一是虚拟性。虚拟性是虚拟社区的本质特征。虚拟社区成员一般采用匿名虚拟的身份,隐瞒自己在现实生活中的角色,甚至扮演相反的角色。

二是开放性。任何对虚拟社区某个主题感兴趣的人都可以自愿加入社区,不受任何限制,不同国家和地区、不同文化背景和不同信仰的人都可以自由加入或者退出虚拟社区。

三是跨时间性。虚拟社区中的文本交流方式克服了传统社区交流受时空限制的局限性。任何地点的人在任何时间都可以聚集在网络空间,围绕共同感兴趣的话题进行不间断的交流,而且交流可以通过交流形成的文本不断延续下去。

四是跨地域性。社区成员按照自己的意愿选择并建立适合自己的空间。社会互动范围的扩大,使人们可以通过网络与世界各地的人进行交流,不受现实地域的局限。传统人际互动中所必需的空间被压缩甚至取消了。社区成员可以来自世界各地,他们聚集在某个网络空间进行交流,不受地理空间的限制。

(二)在线虚拟社区的类型

由于不同类型的虚拟社区吸引不同类型的网上消费者,具有不同的营销价值,因此,有必要对虚拟社区进行分类。按照社区成员的需求可将虚拟社区分为交易社区、兴趣社区、关系社区和幻想社区四种。这四种社区并不相互排斥,一种社区可以满足多种需要。

1. 交易社区

这是一种商业性质的虚拟社区,主要由买家、卖家和中介商构成,其目标是为具有交易愿望的买卖双方提供交易场所。社区的主要收入来自交易佣金以及广告收入。交易社区作为信息集聚的场所，提高了信息的透明度，改变了消费者的信息劣势，因此能够降低消费者的搜寻成本，并激发消费者的购买行为。随着互联网商业潜力的进一步开拓，交易型社区得到了迅速发展。例如，阿里巴巴和慧聪即为综合类的 B2B 交易社区。

2. 兴趣社区

这一类虚拟社区的建立以兴趣为基础，让许多分散在各地但对某一个主题有共同兴趣或专长的人聚集在一起。这也是目前最为普遍的虚拟社区形式，例如网易社区、天涯社区等。

3. 关系社区

网络作为一种高效交流工具，使网络使用者能够根据个人喜好寻找志同道合的朋友，建立广泛的个人关系。在关系型社区中，成员相互交换信息、互通有无，从中获取一种归属感和认同感，如病友社区、女性社区、校园社区等。

4. 幻想社区

幻想社区的成员共同营造一个幻想中的世界，成员经常参与角色扮演游戏并交流心得。幻想社区为其成员提供了虚拟空间，让他们扮演自己所欲扮演的角色，满足幻想的动机。这类社区的典型代表是一些在线网络游戏。此外，国内已有一些聊天网站成员以卡通人物出现在如同漫画般的环境中交流，也在一定程度上满足了成员逃避现实的需求。

二、在线虚拟社区的营销价值体现

第一，能够帮助企业更好地锁定目标顾客。由于网络社区"人以群分"的倾向性十分明显，因此能将具有不同特点的顾客区分开来，在基于兴趣构建的虚拟社区中，其成员几乎可视为天然的细分市场，为企业全面认识社区成员提供了绝好的条件，因此，企业可利用虚拟社区的特性迅速锁定目标市场。对于广告业者来说，能够将营销信息更加准确地传递给目标消费者群。

第二，能够扮演沟通"管道"的角色，有助于提高顾客忠诚度。对于企业来说，建立自己的虚拟社区可以为顾客提供相互交流的场所，也方便顾客与企业交流。通过即时的、互动的社区活动，成员之间实际上是在进行多方的讨论，许多问题都会由消费者自己找到答案。即使有些问题无法自行解决，企业也能够通过虚拟社区及时化解顾客不满，有助于提高客户服务水平和顾客忠诚度。由于虚拟社区是一种高黏性的服务，如果消费者能够从中获得满足感，就会乐在其中，形成正反馈。因此，企业通过虚拟社区能够在解决顾客、供应商、分销商问题的同时，加强与各类成员之间的商务联系。

虚拟社区有助于提高企业的顾客定制化水平。要成为虚拟社区成员，经营者一般会要求参与者留下基本信息。这个庞大的数据库是分析成员特点的最好的数据来源。对于交易型社区而言，可以通过一些网络工具如Cookies方便地积累社区成员的交易历史，对这些数据的分析可以帮助经营者了解具有潜在消费能力的成员。对消费者行为的分析，可以让厂商针对个人提出个性化营销，以最适当的诉求方式在最好的时机向消费者促销，并针对社区成员的要求来设计商品，从而提高消费者对商品的信心。此外，通过对社区成员相互交流内容的分析，企业能够很好地掌握他们的真实想法，及时了解成员的新需求，并将他们的意见整合到产品设计中，这有利于企业的新产品开发和市场创新，使得自己的产品能够取得更高的顾客满意度。

第三，虚拟社区创造出新的合作经济，有助于降低企业的营销成本。虚拟社区应该代表成员向企业争取权益，而不是代表企业向成员推销东西。目前网站经营者的主要经济来源不是卖东西就是登广告，这样的做法只是把互联网当成另一个大众媒体，展示商品而已，对虚拟社区并不适合。随着社区群体意识的增强，社区中成立合作组织变得可行，社区成员很容易形成一致行动，从而产生新的合作经济。对于企业来说，这种直接与虚拟社区合作组织进行的交易将会完全改变目前的销售方式，社区具备的强大的谈判力量压缩了中间商的生存空间，也降低了企业的渠道成本。目前在我国的网络生活中，已经出现了这种存在于虚拟空间中的合作经济，互联网上目前广泛存在的"汽车团购""房地产团购"就是证明。

第四，虚拟社区对消费者会产生信息性影响，有利于满足消费者的信息需求。虚拟社区对消费者的信息性影响主要通过信息的传递和交流产生。在虚拟社区这个信息共享平台上，匿名性可以让消费者自由表达观点，社区互动使消费者畅谈经验与意见，聚集丰富的信息甚至形成群体性观点。在交流中消费者可以从他人的消费观念中汲取有用的信息，消费者之间的信息传递改变了以往交易中的信息不对称，弥补了消费者的信息不足，同时成员之间的互动行为可能改变他们的消费认知，成员的消费行为和建议也作为有用的信息对消费者产生影响。消费者对信息需求越强烈，对虚拟社区认同感越强，受虚拟社区的信息性影响就越大。

第五，虚拟社区有助于企业积累客户资料和细分市场。消费者在加入虚拟社区时，必须提交并注册个人信息。虚拟社区经营者经过长期的积累，获得了丰富的成员资料，初步掌握了成员的消费习惯、兴趣爱好、主要技能、从事职业以及收入水平等。企业还可以利用社区进行在线调查，通过社区主管主动、热情地邀请访问者或成员参与调查。在很多专业性比较强的论坛和网络社区中，发展和积累客户的方式通常是以内容吸引成员，再由成员创造内容，从而吸引更多的成员，建立忠诚制度，鼓励成员互动。社区管理者收集成员资料、组织交易以及将目标消费群体进行明确细分，锁定特定的目标消费群，然后推出这一群体最需要的产品，并以特定的价格通过特定的广告和促销方式进行差异化营销。

第六，企业可以利用虚拟社区加强与消费者的互动。网络营销的互动性满足了消费者彰显个性的购物心理，企业与消费者之间的关系将演变为同层次的对话关系。由于在进行网络购物时，商品只能通过图像来展示，消费者要想了解关于商品更多、更详细的信息就必然会和企业联系，这对企业来说是一个很好的营销契机。这种以消费者为主的互动联系方式，会使消费者与企业的沟通个性化，有助于增强网络广告信息与消费者的相关性，提升广告的效果。

三、在线虚拟社区的盈利渠道与营销方法

（一）在线虚拟社区的盈利渠道

一是网络广告费。虚拟社区的广告收入直接受社区点击流量的制约，流量越大，广告收入越高。此外，还受网民特征的影响，企业是否向虚拟社区投放广告取决于社区网民是否属于企业的目标顾客。因此，以广告费作为主要收入来源的盈利模式并非适合所有的虚拟社区。

二是会员费。虚拟社区将注册会员进行分级并收取不同的入会费。将会员费作为虚拟社区的盈利模式受很多条件的限制。社区发展初期，收取会员费会直接抑制社区成员规模的扩大。社区的生命力来自成员的活跃程度，聚集的成员越多，成员间互动越热烈，浏览社区和进入社区注册的网民就越多。只有当社区成员对社区产生强烈的服务需求和忠诚感时收取会员费才比较合适。

三是内容服务费。通过提供不同的内容服务对网民进行收费。以内容服务费作为盈利模式取决于社区成员的忠诚度和所提供内容的价值。如果成员缺乏忠诚度，社区内容作为一种依托于网络的服务产品缺乏吸引力，该模式就不能给社区网站带来丰厚收益。

四是交易费。虚拟社区通过为网民发布和提供交易信息收取费用，或者向交易者收取佣金。交易费是交易社区的主要盈利模式。对非交易社区而言，以收取交易费作为盈利模式比较困难，一方面这类社区交易量较小，另一方面社区自身缺乏有效的信任保障机制。

(二) 在线虚拟社区的营销方法

1. 积极发展社区成员

社区需要一定数量的成员来保持社区的活力及吸引力。参与虚拟社区的人数增多，虚拟社区的经营也会更加完善，虚拟社区中成员之间的关系会日益密切并不断扩大，消费者的购买决策会越来越多地受到社区成员推荐的影响。另外，要培养那些在社区中有影响力或是领导者角色的人，企业要善于识别和培养这样的意见领袖，他们是社区中有效的传播者和社区营销活动的关键人物。

2. 鼓励社区成员之间的联系和互动

社区内成员之间的互动可以让营销人员以高精度和效率去感知市场，这可以克服目前使用单向研究方法的不足。消费者之间的讨论比营销人员的信息更能引起人们的兴趣和购买欲望。对于相同的信息，如果是从营销者那里得来的，消费者一般会认为有推销的意图而产生反感甚至抵制的情绪；如果是从消费者那里得到的信息，则会认为比从营销人员那里得来的信息更真实可信，不容易产生反感。

3. 商业广告宣传不宜过于直接

社区成员对于广告的敏感度非常高，在虚拟社区中讨论与主题无关的商业推销活动会令人反感，因此，在虚拟社区进行广告宣传时要注意与消费者的互动性，如在成员有需求或有疑问时适时地推荐产品，或者对消费者的疑问进行专业性解答和帮助，尽量以公正的第三方身份对产品进行评估。

需要进行广告促销时，应以理性的方式，根据消费者的实际需要来开展广告宣传，这更容易被消费者接受。综上所述，有效吸引潜在消费者加入社区中，并与之产生互动，这是有效保留顾客的有力措施。企业应利用虚拟社区这一平台，为消费者提供有价值的信息服务，以增强竞争力。

参考文献

[1] 安国山. 基于消费者行为的团购网站营销策略研究[J]. 生产力研究, 2015 (1): 90-93.

[2] 曹征, 李润发, 蓝雪. 广告诉求方式对消费者购买意愿的影响[J]. 商业经济研究, 2021 (14): 86-88.

[3] 曾晓洋. 基于消费者虚拟社区的营销管理研究综述与未来展望[J]. 外国经济与管理, 2011, 33 (11): 48-56.

[4] 陈旭东, 王家宁. 基于顾客忠诚理论的团购营销策略研究[J]. 经济与管理, 2013 (6): 51-55.

[5] 崔志利. 绿色消费者心理与行为分析[J]. 管理科学文摘, 2008 (3): 217-218.

[6] 邓柏. 浅析广告策划中的消费者心理应用[J]. 传播力研究, 2021, 5 (29): 132-133.

[7] 丁家永. 消费者心理与行为研究模式、内容及其实践研究[J]. 心理技术与应用, 2013 (3): 35-38.

[8] 董静, 白雪瑞, 辛晨旭. 浅析消费者心理因素对设计的影响[J]. 西部皮革, 2021, 43 (19): 75-76.

[9] 董永. 从消费者心理与行为的角度浅析商业空间照明设计[J]. 大众文艺, 2010 (14): 129-130.

[10] 范帆. 参照群体对消费者行为的影响[J]. 剑南文学（经典阅读）, 2013 (10): 428-429.

[11] 方东菊. 浅谈网络营销[J]. 福建茶叶, 2019, 41 (7): 44.

[12] 高博. 消费者行为分析与实务[M]. 北京: 北京邮电大学出版社, 2015.

[13] 郭又莲. 基于消费者心理的深度营销[J]. 商场现代化, 2019 (13): 61-62.

[14] 郝亮, 刘衍. 论企业市场细分原则[J]. 技术与市场, 2013 (5): 296.

[15] 江林，丁瑛副. 消费者心理与行为 [M]. 北京：中国人民大学出版社，2015.

[16] 姜文芹. 论现代企业市场定位的重要性与策略 [J]. 江苏商论，2007（6）：93-94.

[17] 井绍平. 绿色营销及其对消费者心理与行为影响的分析 [J]. 管理世界，2004（5）：145-146.

[18] 吕品. 基于消费者购买决策过程的网络团购营销策略研究 [J]. 现代商业，2015（17）：44-45.

[19] 门瑞雪. 绿色消费与消费者心理研究 [J]. 中国商贸，2010（22）：249-250.

[20] 孟祥男. 消费者心理在产品购买决策中影响研究 [J]. 财讯，2020（28）：155.

[21] 彭卓. 消费者心理对购买决策的影响 [J]. 中国市场，2021（6）：129-130.

[22] 钱明辉，王川. 虚拟社区在线信任研究新进展及其启示 [J]. 经济问题探索，2013（5）：156-161.

[23] 史钧竹. 从消费心理看市场定位的必要性 [J]. 广西轻工业，2010，26（11）：108-109.

[24] 唐赤华，戴克商. 消费者心理与行为（第2版）[M]. 北京：北京交通大学出版社，2011.

[25] 王启凤，杨华峰. 消费流行及其营销策略探析 [J]. 重庆科技学院学报（社会科学版），2012（4）：82-84.

[26] 王帅. 消费流行中的消费心理机制探讨 [J]. 河南机电高等专科学校学报，2015（2）：43-45.

[27] 王秀，郑玉香. 基于女性消费者心理的我国服装市场营销策略分析 [J]. 对外经贸，2014（2）：130-131，160.

[28] 魏盛杰. 广告与消费者心理探讨 [J]. 现代经济信息，2009（17）：5.

[29] 邢克. 浅谈对市场细分的理解 [J]. 财经界，2020（31）：90-91.

[30] 徐盈群. 消费者心理与行为（第2版）[M]. 沈阳：东北财经大学出版社，2020.

[31] 颜青. 市场营销 [M]. 北京：对外经济贸易大学出版社，2018.

[32] 於志东. 从消费者心理与行为探讨现代营销的变革 [J]. 改革与战略，2005（5）：8-10.

[33] 于惠川. 消费者心理与行为 [M]. 北京：清华大学出版社，2012.

[34] 张宏洋. 消费者心理对营销策略的影响分析 [J]. 品牌研究，2020（3）：133-135.

[35] 张建红. 网络营销中消费者心理新动向研究 [J]. 黑龙江科学，2021，12（6）：160-161.

[36] 张茜. 浅谈购买情境对消费者心理与行为的影响 [J]. 商场现代化, 2014 (23): 73-74.

[37] 张强. 论新产品的开发与推广策略 [J]. 黑河学院学报, 2013, 4 (3): 57-59.

[38] 张映雪. 广告的仪式化传播对消费者行为影响的应用研究 [J]. 声屏世界, 2020 (2): 84-85.

[39] 张允鸣. 网络营销环境下消费者行为变化和企业应对策略研究 [J]. 内蒙古煤炭经济, 2020 (6): 111-112.

[40] 郑燕. 基于网络消费者心理的现代企业营销变革 [J]. 黑河学院学报, 2022, 13 (5): 72-74.

[41] 郑燕. 社区团购营销模式分析及发展策略探究 [J]. 农村经济与科技, 2021, 32 (12): 95-97.

[42] 朱苾音. 设计及消费者心理关系研究 [J]. 神州 (下旬刊), 2013 (9): 288.